Anette Inselberg

Her Şey Değişir

DESTEK yayınları

DESTEK MEDYA GRUBU

DESTEK YAYINLARI: 1085
KİŞİSEL GELİŞİM: 182

ANETTE INSELBERG / HER ŞEY DEĞİŞİR

İmtiyaz Sahibi: Yelda Cumalıoğlu
Genel Yayın Yönetmeni: Ertürk Akşun
Yayın Koordinatörü: Özlem Esmergül
Editör: Devrim Yalkut
Kapak Tasarım: Işıl Ilgıt Şimşek
Sayfa Düzeni: Işıl Ilgıt Şimşek
Sosyal Medya-Grafik: Tuğçe Budak - Mesud Topal

Destek Yayınları: Mart 2019
4. Baskı Nisan 2019
8. - 13. Baskı Mayıs 2019
Yayıncı Sertifika No. 13226

ISBN 978-605-311-566-3

Abdi İpekçi Caddesi No. 31/5 Nişantaşı/İstanbul
Tel. (0) 212 252 22 42
Faks: (0) 212 252 22 43
www.destekdukkan.com
info@destekyayinlari.com
facebook.com/DestekYayinevi
twitter.com/destekyayinlari
instagram.com/destekyayinlari

Deniz Ofset – Nazlı Koçak
Sertifika No. 40200
Maltepe Mah. Hastane Yolu Sokak
Sokak No:1/6
Zeytinburnu / İstanbul

DESTEK yayınları KARAKARGA BEYAZ BAYKUŞ genç DESTEK

Anette Inselberg

Her Şey Değişir

DESTEK
yayınları

İÇİNDEKİLER

3. BÖLÜM: BEDENİMİZDEKİ ENERJİ MERKEZLERİ

Bir Şaman Öğretisi Şöyle Der:

Doğada hiçbir şey kendisi için yaşamaz
Nehirler kendi suyunu içemez
Ağaçlar kendi meyvelerini yiyemez
Güneş kendisi için ısıtmaz
Ay kendisi için parlamaz
Çiçekler kendileri için kokmaz
Toprak kendisi için doğurmaz
Rüzgâr kendisi için esmez
Bulutlar kendi yağmurlarından ıslanmaz
Doğanın anayasasında ilk madde şudur:
Her şey birbiri için yaşar!
Birbiri için yaşamak, doğanın kanunudur...
Eski çağlarda yürürlükte olan bir anlayıştı bu.
Bütünlüğü anlatırdı, özü iki cümleydi:
"Ben, biz olduğumuz zaman ben olurum."
"Ben, ben olduğum için sen, sensin."
Kam Davul

GİRİŞ

Uzun süredir bir kitap yazma hayalim vardı fakat ilham gelmiyordu. Sonra ilham geldi, bu sefer de "Ya yazdıklarım beğenilmezse, ya yazdıklarımla insanlara şifa olamazsam?" korkum ortaya çıktı ve aklıma o meşhur söz geldi: "Önemli olan korkmamak değil korkuna rağmen yola devam edebilmektir." Ve ben de korkuma rağmen yola devam etmeye karar verdim. Kendimi sizlerin beğenisine teslim ediyor ve hepinizi kocaman kocaman öpüyorum cancanlar.

Aslında anlatacak çok şey var ama tabi ki belli bir çerçeve çizmek durumundayım. O yüzden size sevmediğim bir işte çalıştığım ve hayatımdan bıktığım bir dönemi anlatarak başlamak istiyorum.

Uzun yıllar finans sektöründe çalıştım. Hem de finans sektörünün en riskli ve doğrudan parayla ilgili bölümü olan hisse senetleri (borsa) piyasasında çalıştım. İlk başlarda işler yolundaydı, mutluydum ve başarılıydım. Fakat daha sonra içimde bir boşluk oluşmaya başladı. Sürekli paradan konuşmak, hiçbir şey üretmemek, parasını kaybeden insanların (sonuçta borsa risk) öfkesini izlemek, kazanan insanların "Daha fazla istiyorum, daha fazla istiyorum" diyen açgözlülüğüne şahit olmak çok yorucu olmaya başladı.

İşten ayrılmak istiyordum fakat cesaretim yoktu. İyi bir kurumda yetkili pozisyonundaydım, iyi maaş alıyordum, özel sağlık sigortam vardı ve seviliyordum. Arkadaşlarıma ya da aileme işten ayrılmak istiyorum dediğimde "Rahat mı battı, ayrılıp ne yapacaksın, saçmalama!" gibi laflar duyup hemen ayrılma isteğimi rafa kaldırıyordum.

Böyle böyle zaman akıp gitti ve benim mutsuzluğum çok derin noktalara doğru ilerlemeye başladı. İşe çok yakın oturmama ve sabahları erken kalkma alışkanlığım olmasına rağmen işe geç gitmeye başladım. Bunu kasıtlı yapmıyordum. Sabah 06.30'da yataktan kalkıp işe gitmeye ne kadar kaldığını hesaplayıp, oyalanıp, isteksiz bir şekilde 09.30 gibi (mesai 09.00'da başlıyordu) şubede boy gösteriyordum. Ne gelen müşteriyle ilgilenmek ne de işimi yapmak istiyordum. Hatta öğle tatillerinde mutsuzluktan ağladığım bile oluyordu. Çevrem hâlâ "Emekli olunca istediğini yaparsın" modundaydı ve ben de cesaretsizliğim yüzünden isteksiz bir şekilde hayatıma devam ediyordum.

Masamda iki ekran, dört telefon vardı ve gün boyunca o dört telefona soluksuz bir şekilde baktığımdan akşam eve döndüğümde yorgunluktan turşu gibi oluyordum. Ne biriyle görüşmek, ne dışarı çıkmak, ne de telefonda konuşmak istiyordum. Yani anlayacağınız ot gibi yaşıyordum.

Ve arkasından sağlık sorunları baş göstermeye ve sık sık boynum tutulmaya başladı. Boyun tutulması deyip geçmeyin çok sinir bozucu bir şey. Robot gibi kalıyorsunuz ve ağrısını size anlatamam. Gece başımı yastığa koyduğumda ağrıdan nefes alamadığım çok zamanlar oldu.

İşte hayatıma fizik tedavilerin, kortizon iğnelerinin, mecburi egzersizlerin girdiği dönem başlamış oldu. O kadar çok fizik tedaviye gittim ki o böbürlendiğim özel sağlık sigortamın kotasını doldurup kendi cebimden bir dünya para ödemek zorunda kaldım.

Ve mutsuzluk, isteksizlik, ağrılar ve stresle bezenmiş birkaç yılın ardından nihayet işimle olan bağımı kesmeye karar verdim. Genel müdürlüğe gidip çıkışım için gerekli prosedürü "Ya işte kalsan aslında sen iyiydin orada" diyen yakınlarımın sözleri kulaklarımda çınlayarak tamamladım.

İşten ayrılışımın arkasından büyük bir boşluğa düştüm. Ne yapacağım hakkında en ufak bir fikrim bile yoktu ve sinirlerim inanılmaz ölçüde bozuktu. Tek iyi haber yıllardır ağrısını çektiğim ve sürekli fizik tedavi gördüğüm boyun ağrılarımdan eser kalmamış olmasıydı.

Bu boşluk içindeyken kendimi toparlamak, yenilenmek için bir yandan kişisel gelişim seminerlerine gitmeye başladım (ilk aldığım seminer Reiki'ydi) bir yandan da üniversiteye dönerek doktora programına kayıt yaptırdım. Ve bol bol kitap okudum.

Doktora bitiminde tekrar çalışmanın vakti gelmişti ve firmalara ISO 9001 kalite sistemi kurmaya başladım. Yani sizin anlayacağınız elimde uluslararası bir standart prosedürü ile firmaların daha etkin ve verimli çalışmaları için çalışanlarına değişiklikler yaptırmaya çalışıyordum. Ve bu işi yaparken insanların değişimden hiç ama hiç hazzetmediklerini ve inanılmaz bir direnç gösterdiklerini keşfettim.

Danışman olarak gittiğim firmalardaki çalışanlar yaptıkları işin ve çalışma şeklinin çok eziyetli ve verimsiz olduğunu görüyor, biliyor lakin yeni bir şekilde yapmayı reddediyorlardı. Yeni bir yol öğrenmek, alışkanlıklarını değiştirmek istemiyorlardı. Ve böylece ben de değişim istemeyen insanları değiştirmenin imkânsız olduğunu öğreniyordum. Bu durum çalışanlarla benim aramda sürekli bir gerginliğe yol açıyordu. Bu sefer fazla inat etmeden, yeniden sağlık sorunları baş göstermeden işten ayrılıp mutsuzluğuma hızlıca son verdim.

Kalite danışmanlığı yaparken tabii ki kendi kişisel gelişimimle ilgili kurslara gitmeye devam ediyordum ve o dönem Tai Chi'yle (hareketli meditasyon diyebiliriz) tanıştım. Tai Chi bana çok iyi geldi ve Reiki'yle başlayan enerji çalışmalarım Tai Chi ile zenginleşmiş oldu. Bedenimin farkına varmaya, esnetmeye, hareket ettirmeye başladım. Yürümenin önemini kavradım. Sağlam bir bedenin sağlam bir zihnin oluşmasındaki katkısını anladım.

Yeniden işsiz kalınca bu kez yollar beni çağırmaya başladı. Yeni insanlarla tanışmak, hikâyeler dinlemek, değişik mutfaklar, kültürler tatma isteği içimi yakmaya başladı ve kendimi Karadeniz'de buldum.

Rize'de Ayder Yaylası'na gittim ve uzunca sayılabilecek bir süre orada kaldım. Doğayla bütünleştim, zirveler tırmandım, yayla evlerinde kaldım, yağmurlu soğuk Karadeniz günlerinde çıtır çıtır soba başında oturdum, dağların tepelerinden bulutlara baktım, yeşilin bin bir tonuyla tanıştım, kat kat ekilmiş rengârenk çiçeklerin arasında yuvarlandım. Sonra Karadeniz'den Ege'ye doğru geze geze inmeye başladım. Bozcaada da uzun süre kaldığım yerlerden biri oldu. Bisikletle dağ bayır dolaştım, güneşin batışını seyrettim.

Arkasından Datça maceram başladı. Knidia Ekoloji Çiftliği'nde çok uzun zaman geçirdim ve doğayla gerçek tanışmam orada oldu diyebilirim. Bir şehir kızı olarak neredeyse meyve ve sebzelerin manavda yetiştirilip satıldığı gibi bir izlenimim vardı.☺ Meğerse öyle değilmiş, meyve sebze toprakta yetişirmiş. Tarladan patlıcan, birer, domates topladım. Kahvaltıda canım üzüm çektiğinde dalından koparıp yedim. Ekmek yapmak için hamur yoğurdum, börek yapmak için hamur açtım. Domates ve biber salçası yaptım, zeytin topladım, zeytinyağı yaptım. Badem topladım, badem kırdım. Çiftliğe gelenlerle, yöre halkıyla inanılmaz sohbetler yaptım. Samanyolu'nu seyrettim ve açık havada yıldızların altında yatmanın dayanılmaz çekiciliğiyle tanıştım. Ekip biçtim, kendimle tanıştım. Havayı koklayarak yağmurun geleceğini anlamaya başladım. Nedensiz mutlu olmanın ne demek olduğunu öğrendim. Yataktan gülerek kalkmanın, gün boyu mutlu olmanın kıymetini anladım.

Sonra Fethiye'deki Kayaköy Sanat Kampı'na geçtim. Ver elini doğa yürüyüşleri, takı yapmalar, ritim çalmalar, ebru yapmalar. Yaratıcılığımı keşfettim. Oradan Kaş'a geçtim, "Hadi bir de dalmayı öğreneyim" dedim. Ama korktum vazgeçtim. Her şeyi de yapmak gerekmediğini öğrendim. Ve bu gezilerimde çok insanla tanıştım, çok hikâye biriktirdim, kendimle, kendimin değişik halleriyle defalarca tanıştım.

Bu geziler gitmeli-dönmeli uzun süreler devam etti. Hatta bazen sabah kalktığımda nerede olduğumu bilemez hale geldim. Çevreme şaşkın şaşkın bakıp "Hımmm... Ayvalık'taymışım, Fethiye'deymişim, Dalyan'daymışım" dediğim günler oldu.

Tabii yurtdışını da ihmal etmedim. Sanki ne kadar uzağa gidersem o kadar çok kendi içime giriyormuşum, kendimi o kadar tanıyormuşum gibi hissettim. Yurtdışında bana mistik ve egzotik gelen birçok yere gittim. Sri Lanka'da fillere bindim, Tayland'da kişisel gelişim kurslarına katıldım. Hindistan'da bin bir renk cümbüşüyle büyülendim ve Ganj Nehri'nde yapılan ritüellerle kendimden geçtim. Küba'nın otantik havasına bayıldım, sokaklarda dans ettim. Arjantin'de tango yaptım. Brezilya'da kumsallarda güneşlendim. St. Petersburg'da beyaz gecelerde konserler dinledim, müzeler gezdim. Endülüs turunda balkondan sarkan çiçeklere ve mimari yapılara hayran kaldım. Her gittiğim yerde başka bir güzellik ve anlam buldum.

Zaman içinde anılarla dolup taştım. Her tanıştığım insanda benden bir parça kaldı ve herkesten bir parça bende kaldı. Ruhum zenginleşti. Kendimi ve insanları daha iyi anlamama ve aslında hepimizin ne kadar aynı olduğunu bir kez daha fark etmeme vesile oldu. Yavaş yavaş bunları yazma, paylaşma ihtiyacı hissetmeye başladım.Ve blogum Zamazingo-Anette'in Dünyasına Hoşgeldiniz'i (www.anetteinselberg.com) açtım. Kendimin neye ihtiyacı varsa, bana ne iyi geliyorsa blogumda onu paylaşmaya başladım. Sabahtan akşama kadar bilgisayarın başında oturup bir sürü yazı okudum, beğendiklerimi paylaştım. Kısa sürede blogum en çok okunan, takip edilen bloglar arasına girdi. Bunun için herkese ne kadar minnettar olduğumu anlatamam.

Tamam blog yazmak harikaydı, kişisel gelişim kurslarına gitmek de harikaydı, gezmek tabii ki harikaydı ama artık tekrar üretmeye ve para kazanmaya başlamanın da zamanı gelmişti. "Tamam artık başkalarının altında çalışmak yok, biraz da kendimin patronu olayım" dedim ve aile işini denemeye karar verdim. Ne de olsa her zaman aile işinde kendime bir yer bulur biraz da rahatıma bakarım diye bir düşüncem vardı. Fakat bu işte de beklediğim huzuru ve mutluluğu yakalayamadım ve yol yakınken ayrılayım dedim. Ve hep yedek plan olarak gördüğüm aile işi de elimde patlayınca ümitsizliğe ve karamsarlığa kapıldım.

Belli bir yaşa gelmiştim, para kazanmam ve üretmem gerekiyordu ve ne yöne gideceğim, ne yapacağım hakkında en ufak bir fikrim bile yoktu.

"Ne yapayım, ne yapayım?" diye içimi yediğim o günlerde üniversite yıllarımda oynadığım reklamlar aklıma geldi ve dedim ki: "Birkaç ajansa başvurayım bakalım ne olacak?" Böylece bir yandan ajanslara başvurmaya bir yandan da oyunculuk ve diksiyon dersleri alabileceğim kursları araştırmaya başladım. Çok geçmeden bir projede yer almak için çağrıldım ama proje pilot çekim olduğundan hayata geçip geçmeyeceği belli değildi. Yine de bir heves çekimlere gitmeye başladım. Fakat uzun çekim saatleri sadece beklemekle geçiyordu. Zaten rolüm çok da ufak olduğundan 10 dakika kamera karşısına geçip yine saatlerce beklemeye devam ediyordum. Emek ve beklemek çok ücret çok azdı. Ve bu günlerce süren pilot çekim deneyiminden sonra bu işin de bana göre olmadığına karar verip oyunculuk hayalimi de başlamadan rafa kaldırmış oldum. Ve tekrar aynı karamsarlığa ve "Ben şimdi ne yapacağım?" sorusuna geri döndüm.

Bir gün yine bilgisayarın başında oturup ekrana boş boş bakarken kafamın içinden bir ses bana "Seminer vermeye başlasana" dedi ve şöyle bir ayılma geldi üstüme: "Yapabilir miyim, nasıl yaparım, ne semineri veririm?" derken her şey o kadar kolay bir şekilde aktı ki anlatamam.

Zaten yıllardır seminerler aldığım için bana hangi seminerler (Reiki, Access Bars, Innerspaek [iç benlikle konuşma], Spiritüal Dowsing [sarkaçla arın ve şifalan], Kendini Sev & Hayatını İyileştir, Kahkaha Yogası) iyi gelmişse onları vermeye karar verdim. Seminer vereceğim yeri hemen buldum, dokümanları hazırladım ve duyurulara başladım. Yıllardır blogu takip eden ve "Seninle tanışmak istiyoruz, bize çok iyi geliyorsun, seminer versen de gelsek" diyen insanlar hemen rezervasyon yaptırmaya ve gelmeye başladılar. Ve kendimi seminerler verirken buldum. Hem gelenlere hem kendime şifa kapılarını açmaya başladım.

Şu an size rahatlıkla söyleyebilirim ki hayatımın amacını buldum. Her eğitimde bana pırıl pırıl gözlerle bakan, ışıltılı insanlarla bir araya geliyorum ve hep beraber şifalanıp dönüşüyoruz. Bunun ruhani mutluluğunu anlatmaya kelimeler yetmez.

Hayatımın işini bulduğumu biliyorum. Buraya geldiğim yol inanın çok uzun ve son dönemi çok ama çok sancılı oldu. Tamamen bir yıkımdan sonra tekrar ayağa kalktım. Bazen geriye dönüp bakıyorum da bir zamanlar mutsuz olarak gittiğim finans sektörü bana çok güzel bir disiplin, hızlılık ve düzen katmış. Hayatta hangi değerlerin önemli olduğunu anlamama vesile olmuş. Kalite işi değişim ve dönüşüme direnmenin boşuna olduğunu göstermiş. Yedek lastik olarak gördüğüm aile işinde mutsuz olmam sırtımı başkalarına değil kendime dayamam gerektiğini, ayağa kalkmanın, ne olursa olsun yola devam etmenin ve kendi gücümün farkına varmamın önemini göstermiş. Tüm yaşadıklarım her şeyin üstesinden gelebileceğimi, kaç yaşında olursam olayım yeniden başlayabileceğimi anlamamı sağladı.

Hobi olarak her gün paylaşım yaptığım blogum tanınmamı sağladı ve seminerlerime insanların gelmesine vesile oldu. Yani olaylara yukardan baktığımda her şey sanki uzun zamandır planlanmış gibi geldi. Al sana iş, al sana beraber dönüşeceğin insanlar, al sana her zaman aradığın yaşam amacı (insanlara yararlı olmak) ve gerçekleştirme fırsatı. İşte o zaman teslimiyetin ve hayatın akışına güvenmenin önemini anladım. Her şerde bir hayır olduğuna bir kez daha inandım. Hayatın daima bizim için en iyisini hazırladığına dair inancım tazelendi ve her gün şükretmeye başladım.

O yüzden siz de hayatınızın hangi döneminde olursanız olun bilin ki tünelin sonunda daima ışık vardır. Kendinizi Yaradan'a ve hayatın akışına teslim edin. Ayağa kalkın ve devam edin. Bütün yapmanız gereken bu.

Parolamız:

"Her hayırda bir şer, her şerde bir hayır vardır..."

Bana Ulaşabileceğiniz Sosyal Medya Hesaplarım:

Instagram: www.instagram.com/anette_inselberg

Facebook: www.facebook.com/anette.inselberg

Twitter:
www.twitter.com/anetteinselberg (@anetteinselberg)

Youtube:
www.youtube.com/channel/UCfnNAX0W-uJRWHQTS1sEyjg (Anette Inselberg)

Blog: www.anetteinselberg.com (Zamazingo)

Verdiğim Seminerler:

Reiki 1. Seviye, 2. Seviye & Master Seviye
Access Bars (Bilinçaltı Temizliği & Yeniden Başlangıç)
Access Facelift (Yüzün ve Vücudun Gençleşip Canlanması)
Spiritüel Dowsing (Sarkaçla Arınma & Şifalanma)
InnerSpeak (İç Benlikle Konuşma)
Heal Your Life (Kendini Sev Hayatını İyileştir)
Kahkaha Yogası

Aldığım Seminerler:

Mindfulnes, Bilinçaltı Dili Okuryazarlığı, Bireysel Şaman Seansları, Şamanlık Eğitimleri, Sorumluluk ve Özgürlük Seminerleri, Spiritüel Dowsing (Sarkaçla Arınma), InnerSpeak (İç Benlikle Konuşma), Kahkaha Yogası, Kalp Yolu Eğitimi, Nefes Seansları, Olasılıklar Seçimi, Bioenerji Seansları, Labirent, Esas, Keşif, Access Bars, Access Facelift, Access Beden Prosesleri, Access Foundation, Heal Your Life (Kendini Sev Hayatını İyileştir) Liderliği, EFT (Duygusal Özgürleşme Tekniği), Birlik

Bilinci, Reiki I, Reiki II ve Master Seviyesi, Thai Masajı, Numeroloji Eğitimi, Değişik Ashramlarda Meditasyon Kursları, Mandala Çalışması, Hayata Yeniden Başlangıç Kampı, Cem Şen 1. 2. 3 ve 4. Seviye Eğitimleri

Bu kitabı
hayatımın uzun bir döneminde
ilişkimizin inişli ve çıkışlı, kopuk ve küs olduğu
ve en nihayetinde
kalplerimizi ve ruhlarımızı birleştirmemizin
bir yolunu bulduğumuz **anneme** ithaf ediyorum...
Varlığına ve desteğine şükürler olsun...

BU KİTABI NASIL KULLANACAKSINIZ?

İster kitabı baştan sona sırasıyla okursunuz.
İsterseniz rasgele açıp o gün ruh halinize uyan ritüeli, meditasyonu ya da ödevi yaparsınız.
İsterseniz yeniay, dolunay, ekinoks gibi dönemlere göre verdiğim ritüellerimden bir ya da birkaçını seçer yaparsanız.
Yani kalbinize göre takılın diyorum, zihninizi serbest bırakın ve hislerinize göre hareket edin.
Kalp her zaman en doğrusunu bilir, kalbinize güvenin.

Parolamız: *"Kalbimiz..."*

1. BÖLÜM: HER ŞEY ENERJİDİR

"İnandığı şeyi yapan insanın enerjisi asla tükenmez."

Goethe

Hayatımızdaki her şey enerjidir. Bizler enerjiyiz. Bolluk bereket enerjidir. Bizim enerjimiz neyse o enerjiyi çevremize yayar ve o enerjideki olayları, insanları ve deneyimleri kendimize çekeriz. O zaman işin püf noktası enerjimizi yüksek tutmaktan geçiyor.

Enerjimizi yüksek tuttukça daha sevgi dolu, neşeli, cesaretli, harmoni dolu insanlar haline gelir ve bu duygu durumundaki insanları hayatımıza çekeriz.

Fakat enerjimiz düştükçe öfkeli, korkulu, acı ve keder içinde debelenen, suçlulukla dolu, arzularımızın kapanına kıstırılmış halde dolaşan insanlar haline gelir ve çevremize bunu yaydığımız için de her yerde bu duygu durumunda olan insanları hayatımıza çekeriz.

Aşağıdaki tablo Amerikalı bilimadamı Dr. David Hawkins (1927-2012) tarafından oluşturulmuş olup hangi duygunun hangi enerji frekansına karşılık geldiğini ölçümlemiştir.

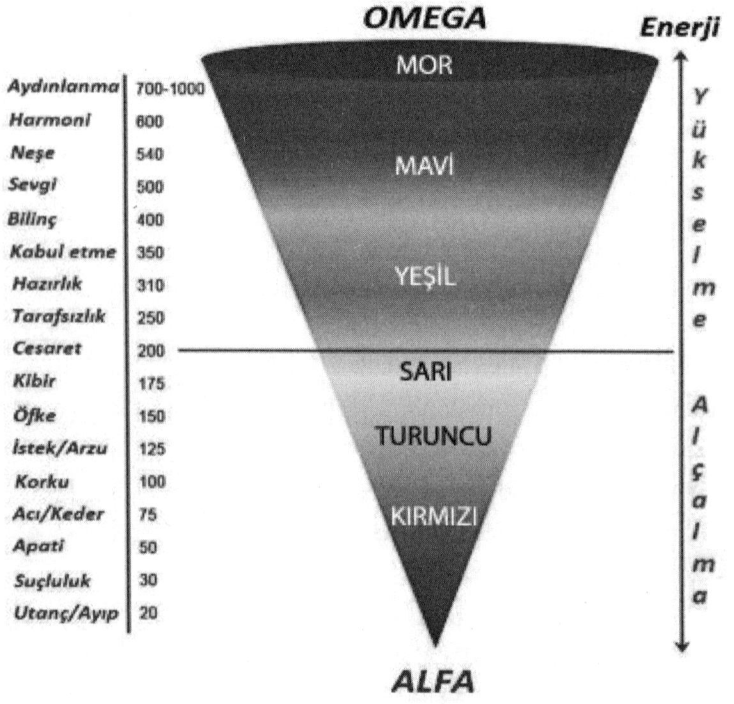
OMEGA
Enerji
Aydınlanma 700-1000
Harmoni 600
Neşe 540
Sevgi 500
Bilinç 400
Kabul etme 350
Hazırlık 310
Tarafsızlık 250
Cesaret 200
Kibir 175
Öfke 150
İstek/Arzu 125
Korku 100
Acı/Keder 75
Apati 50
Suçluluk 30
Utanç/Ayıp 20
MOR
MAVİ
YEŞİL
SARI
TURUNCU
KIRMIZI
Yükselme
Alçalma
ALFA

Enerji Frekans Tablosu

Bir dalganın belli bir zaman birimi (genellikle saniye) içerisinde tekrarlanma sıklığına, yani bir saniye içindeki döngü sayısına "frekans" denir. "Hertz" birimiyle ölçülür. Her şey titreşir, bu nedenle her şeyin bir frekansı vardır.

Bu tabloya göre 200 hertz enerjide titreşmek denge noktası olarak kabul edilmektedir. Bunun altına düşmek demin bahsettiğimiz öfke, acı, keder gibi duygu durumlarını deneyimlememize yol açar.

İki yüz hertzin üstüne çıkmak ise sevgi, neşe, harmoni gibi duygu durumlarını deneyimlememize yol açar.

Bu bilgi ışığında yapmamız gerekenin olumsuz, yani düşük frekanslı duyguları dönüştürmek olduğunu görebiliriz.

"Peki bunu nasıl yapacağız?" dediğinizi duyar gibi oluyorum. İşte bu kitabın ilk bölümünü tamamen bu dönüşümü nasıl yapabileceğinizi anlatmak için oluşturdum.

Elbette yoga, Reiki, Tai Chi, nefes gibi çalışmalar yapmak, yürümek ya da sevdiğiniz bir hobiyi hayatınıza katmak da enerjinizi artırabileceği gibi burada okuyacağınız ritüeller, meditasyon çalışmaları, ödevler ve öneriler de işe yarayacaktır.

Birinci bölümün "Sadece bugün öfkelenme", "Sadece bugün yargılama" gibi yazılarla başladığını göreceksiniz. Bunun sebebi "sadece bugün" olumsuz bir duyguyu dönüştürmeye niyet etmek ve çalışmak insana kolay ve ulaşılır bir hedef olarak gözükür. "Ne olacak ki sadece bugün deneyebilirim" dersiniz. Ve her günün sadece bugün olduğunu fark ettiğinizde hayatınızı dönüştürecek bu çalışmalarla yüksek enerjide yaşamayı alışkanlık haline getireceksiniz.

İkinci bölümde "Sadece bugün neşelen", "Sadece bugün yataktan huzurla kalk", "Sadece bugün olumlu konuş" gibi başlıklar bulacaksınız. Yine aynı mantıkla "sadece bugün" olumlu konuşmaya çalışmak ya da neşeli olmaya çalışmak daha ulaşılabilir bir hedef gibi gözükecek. "Aman sadece bugün neşeli olmayı deneyeyim bakalım ne olacak?" diyeceksiniz. Böylece hayatınızın her gününün sadece bugün olduğunu algılamaya başlayacak ve olumlu duygularınızı artırarak hayatınızı nasıl güzelleştirdiğinizin farkına varacaksınız. Bunu da tabii ki ritüeller, meditasyonlar ve ödevlerle yapacaksınız.

Sizler olumlu duygularınızı artırdığınız ve çevreye de olumlu duygular yaydığınızda hem kendi hayatınızın hem de çevrenizdeki insanların hayatlarının mucizelerle dolduğunu fark edeceksiniz. Bunu Dr. Hawkins'in tablosuna bakarak açıklamaya çalışayım.

Dr. Hawkins'in tablosuna göre mutlu olan insanlar çevrelerine şifa saçmaktadırlar:

- 300 seviyesindeki bir kişinin 200'ün altındaki 90.000 kişiyi
- 400 seviyesindeki bir kişinin 200'ün altındaki 400.000 kişiyi
- 500 seviyesindeki bir kişinin 200'ün altındaki 750.000 kişiyi
- 600 seviyesindeki bir kişinin 200'ün altındaki 10 milyon kişiyi
- 700 seviyesindeki bir kişinin ise 200'ün altındaki 70 milyon kişiyi dengelediği ve şifalandırdığı görülmüş.

Pozitif ve her şeyi olduğu gibi kabullenen mutlu bir insanın yaydığı enerji 90.000 insanın yaydığı düşük enerjiyi dengelemektedir.

Sevgiyi gerçek anlamda yaşayan bir insanın yaydığı enerji 750.000 insanın yaydığı düşük enerjiyi dengelemektedir.

Barış ve huzur içinde yaşayan bir insanın yaydığı enerji 10 milyon insanın yaydığı düşük enerjiyi dengelemektedir.

Mevlanalığı yaşayan bir insanın yaydığı enerji 70 milyon insanın yaydığı düşük enerjiyi dengelemektedir.

Peygamber seviyesinde yaşayan bir insanın yaydığı enerji ise tüm insanlığın yaydığı düşük enerjiyi dengelemektedir.

Yapılan araştırmalar ve sonuç teyitleri yıllar sürmüş ve yüz binlerce denek üzerinde çalışılmış.

Yani bizler iyi ve mutlu olmayı öğrendiğimizde çevremize iyilik ve mutluluk saçmaya başlıyor ve negatif enerjideki (öfkeli, kırgın, kıskanç) insanları dengeleyebiliyoruz. Bu da hem kendimize hem de çevremize yapacağımız büyük bir hizmettir.

Üçüncü bölümde insan vücudunun enerji merkezi olan çakralar hakkında temel bilgiler bulacaksınız. Hangi çakranızın sorunlu olabileceğine dair ipuçlarını öğrenecek ve çakraların düzgün çalışması için yapabileceğiniz ritüelleri ve meditasyon örneklerini bulacaksınız.

Dördüncü ve son bölümde dolunay, yeniay, ekinoks, Hıdırellez gibi önemli tarihlere özgü meditasyon, ritüeller ve ödevler bulacaksınız.

Bu kitabı yazmaktaki amacım sizlerin hayattan zevk alan, yaşam enerjisi yüksek, kendini seven ve kucaklayan insanlar haline gelmenize yardımcı olmaktır.

Aynı zamanda hayatlarınızın kahramanının ve kurtarıcısının siz olduğunuzu ve her düştüğünde kalkacak ve devam edecek gücünüz olduğunuzu hatırlatmak istedim.

Parola 1: *"Çaresizseniz çare sizsiniz..."*

Parola 2: *"Ne istersiniz onu değil neyseniz onu çekersiniz..."*

Bu Kitaba Dilek Dileyerek Başlamak İster misiniz?

Eğer cevabınız evet ise rahat bir ortama geçmeden önce yanınıza kırmızı mum, kırmızı makas ve kırmızı dikiş ipi alın.

Bir koltuğa rahatça oturun. Önünüzdeki sehpaya kırmızı mumu koyun ve yakın. Sağ elinizi kendinizden muma doğru götürürken şu sözleri üç kez tekrarlayın: "Üstümdeki tüm negatif enerjilerin, negatif bakışların, ağırlıkların, olumsuz sözlerin bu yanan mumun alevinde eriyip yok olmasını seçiyorum."

Arkasından kırmızı dikiş ipini bir kat yapın (daha kalın yapmaya hiç gerek yok), sol bileğinize dolayın ve içinizden dileğinizi düşünün -hatta dileğiniz olduğu zaman nasıl mutlu olacağınızı da hissedin- ve kırmızı ipi düğümleyin. Şimdi bu cümleyi üç kez söyleyin: "Dileğimin hızlıca, kolaylıkla ve en hayırlı biçimde olması için neler mümkün?"

Ve arkasından ip kendiliğinden kopana kadar bileğimizde kalıyor. Dileğimizi de bir daha hiç düşünmüyoruz. Ritüelimizi yapıp gerisini evrene bırakıyoruz. Ve bir gün bir bakıyoruz ki ip kopmuş dileğimiz olmuş.☺

Not 1: Yukardaki ritüelin videosunu Youtube kanalımda (Anette Inselberg) bulabilirsiniz. Videoyla yazım arasında bazı farklar var, her iki türünü de yapabilirsiniz.

Not 2: Tabii ki ritüel yaparak dilek dilediğiniz zaman bu sizin konuya odaklanmanıza, enerjiyi toplayıp dileğe yönlenmenize, cesaret kazanmanıza vesile olmaktadır. Dileğiniz hayat yolunuzda varsa olması için ritüellerin yanı sıra tabii ki harekete de geçmeniz gerekmektedir. Armut piş ağzıma düş beklentisine girmeyin. Dileğiniz için harekete de geçin.

Parolamız: *"Evren hareketi alkışlar..."*

Not 3: Bu ritüelleri ya da meditasyonları yaparken size birkaç müzik önerisinde bulunmak istiyorum. Reiki müzikleri sizi gevşetecektir, aynı zamanda klasik müzik de kalp çakrasının müziği olduğundan sizi rahatlatacaktır. Tavsiye benden seçim sizden:

Reiki Zen Meditation Music: 1 Hour Healing Music, Positive Motivating Energy

Erik Satie: Gnossienne No. 1, 2, 3

Mozart Fantasy in D minor K397 Mitsuko Uchida

The Favourite -4 -vivaldi-viola-damore-concerto-in-a-minor-rv-397-ars-antigua

Vladimir Horowitz plays Scarlatti K 466

Glenn Gould plays Bach - The Goldberg Variations, BMV 998

Rachmaninoff - Piano Concerto No. 3 (Martha Argerich)

Chopin - Nocturne op.9 No.2

Not 4: Tabii ki her şey Allah'tandır. Bu kitaptaki ritüeller, Allah isterse dileklerimizin olmasına, sadece vesiledir. Unutmayın ki olan da olmayan da her zaman hayrımız içindir.

Parolamız: *"Her şey Allah'tandır..."*

Sadece Bugün Endişelenme

"Biz her insanın kaderini kendi çabasına bağlı kıldık."

İsra Suresi 13. ayet

Reiki seminerlerimi verirken Dr. Mikao Usui'nin prensiplerinden de bahsederim: "Sadece bugün endişelenme." Bu, Usui Reiki'nin beş temel prensibinden biridir. Söylemesi ve yazması kolay olsa da uygulaması için bolca çalışma yapmak gerekir.

Korku ve endişe durumunda "Enerji Frekans Tablosu"nda da görebileceğimiz gibi 100 hertzlerde frekans yaymaya başlarız. Ve bu bizim ortalama durumumuzun (200 hertz) bayağı altındadır.

Bizler maalesef sürekli olarak endişelenmeye kodlanmış şekilde yaşarız. Gelecekte ne olacak meselesi bizi yer bitirir. "İşim ne olacak, çocuğum ne olacak, ailem ne olacak, okulum ne olacak, sağlığım ne olacak?" diyerek sürekli olarak içimiz içimizi yer. Bu olumsuz ruh haliyse bizim bulunduğumuz frekanstan çok daha aşağılara inmemize sebep olur. Endişelenmenin bir yararı olmadığı gibi sürekli bizi aşağı çeken negatif girdabına da kapılıp gideriz.

Endişelenmek işe yarasaydı inanın hepimizi büyük bir alana toplar ve endişelenme günü ilan ederdim. Hatta her hafta birimizin evinde toplanır, ev sahibini onurlandırmak için o hafta sadece onun için hep beraber endişelenirdik. İşe yarasa dükkân sizin, ne olacak ki? Fakat yaramıyor.

İşe yarayabilecek tek şey çözüme odaklanmaktır. Meselen neyse, endişe kaynağın neyse onu nasıl çözebileceğine odaklanman ve harekete geçmen gerekiyor. Meselenle ilgili çözüme odaklandın, arkasından harekete geçtin ve elinden gelenin de en iyisini yaptın mı?

Artık yapman gereken rahatça geriye yaslanıp kendini Yaradan'a teslim etmek. Formül bu kadar basit.

Endişeyi Dönüştürme Ödevi

Uzun süredir senin canını sıkan bir sorununu deftere yaz ve endişelenmek yerine değişik bir şey yap. Onu çözmek için neler yapabileceğinin listesini oluştur. Ve harekete geç.

Tüm bunları yaparken de içinden şu cümleyi tekrarla: "Allahım bu sorunumla ilgili artık endişe etmeyi bıraktım ve yönümü çözüme döndüm. Tüm çözümlerin önüme hızlıca, kolayca ve en hayırlı şekilde gelmesi için neler mümkün? Lütfen bana yardım et. Sana inanıyor ve sana güveniyorum. Kendimi sana teslim ediyorum."

Bir de örnek yapalım: Diyelim ki işsizsin ve iş bulamamaktan endişelisin. Hemen özgeçmişini güncelle. İnternetteki bütün iş bulma sitelerine (LinkedIn gibi) gir ve özgeçmişini gönder. Tüm arkadaşlarına durumunu bildir. Son olarak da yukarıdaki cümleleri yedi gün boyunca tekrarla.

Parolamız: *"Endişelenmek hiçbir işe yaramaz..."*

Sadece Bugün Öfkelenme

"Bir dakikalık öfke bağışıklık sistemimizi 4-5 saatliğine zayıflatırken, bir dakikalık kahkaha bağışıklık sisteminizin 24 saat boyunca güçlü kalmasını sağlar."

Anonim

Dr. Mikao Usui'nin beş temel prensibinden biri olan "Sadece bugün öfkelenme" size bahsetmek istediğim felsefelerden biri.

Gün içinde bizi öfkelendirecek ne kadar çok şey oluyor değil mi? Kasada sıra bekliyorsun en yavaş çalışan kasa sana rastlıyor, beklediğin otobüs gelmiyor toplantıya geç kalıyorsun, trafiğe sövüp sayıyorsun, çocuğunun öğretmenine, son dakikada iş buyuran patronuna, yapmak istemeyip de yapmak zorunda kaldıklarına, gelip geçen hayata, kendine... Eminim bu listeyi bayağı bir uzatabiliriz. Önemli olan öfkeli olduğun anda öfkeni nasıl dönüştürebileceğinde yatmaktadır.

Öncelikle "Enerji Frekans Tablosu"nda öfke enerjisinin nerede olduğuna hep beraber bir bakalım. Öfkenin 150 hertzlerde yani düşük enerji seviyesinde yerini almış olduğunu görüyoruz.

Öfkelenmek ve öfkeye öfkeyle karşılık vermek bizi sadece daha çok aşağıya çeker. Şimdiye kadar hem kendi tecrübelerim hem de bana anlatılanlara dayanarak şunu söyleyebilirim ki kavga anında karşılıklı öfkelenmek hiçbir işe yaramaz. Hatta yaşanan ağız dalaşının bırakın işe yaramamasını durumu felakete bile sürüklediğini yaşamışızdır.

O yüzden aileden veya yakın çevreden birisine öfkelenip işler kızışmaya başladığında, sessiz kalmanın ve olaylar sakinleşince (birkaç gün sonra) konuşmanın çok daha yararlı olduğunu görmüşümdür.

Tabii ki zamanı gelince yapılacak konuşmanın suçlayıcı ve "Ben haklıyım" tavırlarından ziyade "Tamam bir sorun var ortada, peki bunu çözmek için ne yapabiliriz?" tutumunun işe yaradığını gözlemlemişimdir.

Eğer sokakta, markette yani sonradan görme şansım olmayan biriyle bu öfke halini yaşarsam da kişinin söylediklerini ve öfke patlamalarını hiç üstüme almam. "Kim bilir ne derdi ne acısı var, tekâmülü gereği yaşadığı bu yolculuk onu ne kadar yıpratmış ki öfkeyle dolmuş" derim ve ona şefkat duyarım. Ve benden yayılan şefkat enerjisi olayın dozunu düşürüp her şeyin çözümlenmesine yardımcı olur.

Bu yazdıklarımı her seferinde ve her olayda yapabiliyor muyum peki? Tabii ki hayır. Hayat dediğimiz bir yolculuk ve biz buraya gelişmeye ve öğrenmeye geldik. Her on seferde iki kere yapsam inanılmaz sevinirim. Yolda olmanın coşkusunu duyarım ve denemeye devam ederim.

"Haydi bize öfkemizi dönüştürmek için bir ritüel ver" dediğinizi duyar gibiyim. "Tabii ki, hayhay" diyorum.

Öfkeyi Dönüştürme Ritüeli 1: Öfkelendiğin zaman duygularını içine atma. Öfkelendiğin ne varsa bir kâğıda yaz, sonra yazdığın kâğıtları yakıp küle döndürüp tuvalete at ve sifonu çek. Öfkenin de böyle küle dönüşüp hayatından akıp gittiğini hayal et.

Öfkeyi Dönüştürme Ritüeli 2: Hemen evinde seni kimsenin rahatsız etmeyeceği bir odaya geç ve eline bir yastık al. Öfkeli olduğun kişinin yastık olduğunu hayal edip içindeki tüm öfkeyi bağırarak yastığa haykır, tüm içine attığın duyguları bağırarak yastığa anlat. Gerekirse yastığı da iyice bir yumrukla ki içindeki hıncın da serbest kalsın.

Öfkeyi Dönüştürme Ritüeli 3: Günlük programını ayarla ve ona göre kırk dakika yürüyüşe çık. Bu yürüyüş esnasında "Aaaaaaaa!" sesi çıkararak yürü. Böylece iyice bir içini boşaltmış olursun. Arkasından eve geldiğinde duşun altına gir, birkaç damla elma sirkesiyle arındıktan sonra duşun altında şu sözleri söyle: "Bu akan suyla beraber tüm öfkelerim, acılarım, söyleyemediklerim ve pişmanlıklarım üstümden aktı gitti. Artık yenilendim ve kendimi güzelliklere açmaya hazırım, hazırım, hazırım." Ve duştan çıkmadan önce kulaklarını ve ellerini ovala. En son da suyu ayaklarının altına tut ve "Artık arındım, yeni başlangıçlara hazırım, hazırım, hazırım" de.

Öfkeyi Dönüştürme Ritüeli 4: Öfkelendiğin anda oturuyorsan ayağa kalk ve burnundan üç kez derin nefes alıp ver. Öfkelendiğinde ayakta duruyorsan otur ve burnundan üç kez derin nefes alıp ver. Enerjinin değiştiğini ve sakinleştiğini göreceksin.

Öfkeyi Dönüştürme (Bağlarını Kesme) Ritüeli

Öfkeli olduğumuz kişiyle eterik kordonlarımız bağlı kaldığından sürekli olarak birbirimizden olumsuz beslenmeye ve karşılıklı olarak enerjilerimizi düşürmeye devam ederiz.

Sağ elimizi başımızın üstüne kaldıralım ve avuç içi bize doğru baksın. "Öfkeli olduğum ... kişiyle olan tüm olumsuz bağlarımı kesiyorum, kesiyorum, kesiyorum" derken sağ elimizi tepemizden dizlerimize kadar üç kez indirelim.

Not: Bu ritüellerin hepsini bir kerede yapabileceğiniz gibi içinizden geldiği sırayla ve sayıda da yapabilirsiniz. Sadece birini yapsanız bile işinize yarayacağını göreceksiniz.

Parolamız: *"Öfkeyle kalkan zararla oturur..."*

Sadece Bugün Affet

"Affetmek geçmişi değiştirmez ama geleceğin önünü açar."

Paule Boese

"Enerji Frekans Tablosu"na baktığımızda acı ve keder enerjisinin 75 hertzlerde olduğunu yani oldukça düşük bir titreşim olduğunu görebiliyoruz.

Yani geçmişte olanlardan dolayı sevgilimize, eşimize, anne babamıza, patronumuza, halamızın kızına kızdıkça ve affetmedikçe enerjimiz giderek aşağıya düşüyor ve kızdıkça kızıyoruz, kızdıkça kızıyoruz. Keskin sirke küpüne zarar misali bunun bedelini de yine biz ödüyoruz. "Nasıl mı ödüyoruz?" Hemen söyleyeyim: Yaşam enerjimizi düşürüp, kendimizi mutsuz edip, hayattan tat almayarak, çevremize hep bu düşük enerjili insanları toplayarak, hayatın bize sunduğu yeni olanakları görmeyerek.

Hadi şimdi bu durumu kafamızda daha iyi anlayabilmek için hep beraber bir deney yapalım. Doğru mutfağa gidin ve bir kilo patatesi yanınıza alın. Şimdi çocukluğunuzdan beri her affedemediğiniz kişi için bir patatesi torbaya koyun. Kısa zamanda torbanın patateslerle dolduğunu buradan görür gibiyim.

Şimdi o torba ya da torbalarla (belki bir kilo patates yetmemiştir) üç gün boyunca gezmenizi istiyorum. "Aman bu ne saçmalık!" diyorsunuz değil mi?

Halbuki yaptığınız tam da bu. Geçmişte olan, artık değiştiremeyeceğiniz fakat hatırladıkça canınızı yakan bir sürü anıyı ve insanı sürekli yanınızda dolaştırıyorsunuz. Ve enerjinizi bir güzel düşürüyorsunuz.

Affetmek o insanları ya da kendinizi geçmişinizdeki o olay için onayladığınız anlamına gelmez. Sadece şunu fark etmenize yardım eder: Geçmişte siz ya da başkaları o anki duygu durumu ve bilgi birikimiyle elinizden gelenin en iyisini yaptınız. Hepsi bu. Ve bu deneyim şayet canınızı acıttıysa yapabileceğiniz en iyi şey dersinizi alıp bir daha tekrarlamamaktan geçer. Kendinizi ve başkalarını artık serbest bırakmaktan geçer. Yoksa patatesleri üç gün değil ömür boyu yanınızda taşıdığınızı her zaman hatırlayın.

Şimdi size kızgın, öfkeli olduğunuz ve affedemediğiniz insanlarla ilgili olarak bu olumsuz duygularınızı dönüştürüp frekansınızı yükseltebilecek iki tane ritüel vermek istiyorum.

Not 1: Sen de bazen nasıl birinin seni affetmesini istiyorsan, nasıl Allah'ın seni affetmesi için yakarıyorsan sen de affet ki affedilmeye hak kazan.

Not 2: Affetmek zor geliyorsa önce "Affetmeye niyet ediyorum" de, böylelikle affetme enerjisini devreye sokmuş olursun.

Affetme Ritüeli 1:
Geçmişin Yüklerinden Arınma ve "Oh be!" Çalışması

Bu çalışmayı ihtiyaç duyduğunuz her zaman ve dolunaylarda yapabilirsiniz. Dolunaylar acıları, üzüntüleri, kızgınlıkları, gerginlikleri geride bırakmak için çok uygun zamanlardır. Gerekli malzemeler kâğıt, kalem, kibrit ve kâğıdı içinde yakabileceğiniz bir kâsedir.

Önce kâğıda uzun uzun size acı veren, öfkelendiren, üzen, içinizde kalan, pişman olduğunuz her şeyi yazın. Sonra mutfağa gidin ve kâğıdı kâsenin içinde kibritle yakın ve kâğıt yanarken tüm pişmanlık ve acılarınızın da küle döndüğünü hayal edin.

Şimdi bu cümleyi üç kez söyleyin: "Tüm acılarımı artık serbest bırakıyorum. Oh be!" Ve omuzlarınızı kulaklarınıza kadar çekiyor, tutuyor ve üç kez şu cümleyi söylüyorsunuz: "Tüm acılarımı artık serbest bırakıyorum. Oh be!"

Sonra dişlerinizi sıkıyor ve üç kez "Tüm öfkelerimi artık serbest bırakıyorum. Oh be!" diyoruz. Arkasından yumruklarınızı sıkıyorsunuz ve üç kere "Tüm pişmanlıklarımı serbest bırakıyorum. Oh be!" diyorsunuz. Kalçalarınızı sıkıp üç kez "Tüm kırgınlıklarımı serbest bırakıyorum. Oh be!" diyorsunuz. Ve son olarak hem kalçanızı, hem yumruklarınızı, hem de dişlerinizi sıkarak ve omuzlarınızı kulaklarınıza çekerek üç kere "Tüm gerginliklerimi serbest bırakıyorum. Oh be!" diyorsunuz. Bu çalışmayı üç gün üst üste tekrarlarsanız etkisini kısa zamanda görürsünüz.

Affetme Ritüeli 2:
Bağ Kesme Meditasyonu

Dolunaylarda da yapabileceğiniz bu ritüel affedemediğiniz, kızdığınız ve öfkelendiğiniz her kişi ve durum için yapabileceğiniz çok etkili bir çalışmadır.

Şimdi sizlerden rahat ve kimsenin sizi rahatsız edemeyeceği bir yere geçmenizi istiyorum. Önce meditasyonu okuyun sonra da uygulamasını yapın. "Aaa benim aklımda kalmaz" diyorsanız hemen Youtube'da Anette Inselberg kanalını açıyorsunuz ve hem dinleyip hem yapıyorsunuz. Şifa olsun.

Not: Ya da bir arkadaşınızdan size okumasını isteyin, ya da kendi sesinizi kaydedin ve istediğiniz kadar dinleyin.

Rahat bir şekilde oturuyor ya da uzanıyorsunuz. Gözlerinizi kapayıp burnunuzdan nefes alıp vermeye başlıyorsunuz. Şimdi sırasıyla tüm vücudunuzu gevşetiyorsunuz. Ayak parmakları gevşe... Bilekler gevşe... Alt baldırlar gevşe... Dizler gevşe... Üst baldırlar gevşe... Kalçalar gevşe... Belimiz gevşe... Sırtımız gevşe... Ellerimiz gevşe... El bileklerimiz gevşe... Dirseklerimiz gevşe... Omuzlarımız gevşe... Karnımız gevşe... Göğüs bölgemiz gevşe... Boynumuz gevşe... Yüzümüz gevşe... Ağzımız gevşe... Gözlerimiz gevşe... Burnumuz gevşe... Alnımız gevşe... Kafamız gevşe... Saçlarımız gevşe... Tüm vücudum gevşe...

Şimdi iyice gevşediğimize göre meditasyona başlayabilirsiniz.

Sizi üzen, kızdıran, acı veren birisini düşünüyorsunuz. Onu karşınıza alıyorsunuz ve kişinin gözünün içine bakarak tüm söyleyemediklerinizi, içinize attıklarınızı, biriktirdiklerinizi söylüyorsunuz. Bunun için istediğiniz kadar süreniz var. Arkasından ona şöyle deyin: "Bana tekâmül yolumda bütün öğrettiklerin için teşekkür ederim. Öğrenmem gerekenleri öğrendim ama artık kızgınlıklarımı geride bırakmak, seni ve kendimi affetmek, serbest bırakmak istiyorum. İkimizi de özgür bırakmak istiyorum. İkimizi de artık özgür bırakmak istiyorum. İkimizi de artık özgür bırakmak istiyorum."

Sonra kendi göbek deliğinizden onun göbek deliğine siyah bir kordonla bağlı olduğunuzu imgeleyin. Bu siyah kordon sizin sürekli ürettiğiniz olumsuz duygu ve düşüncelerdir. Bunun adına eterik kordon diyoruz. Siyah olmasının sebebi de ürettiğiniz duyguların negatif olmasından kaynaklanıyor.

Şimdi yukardan aşağıya ikinizin üzerine altın renkli bir ışığın yağmaya başladığını hayal edin. Bu ikinizin ilişkisini şifalandırmaya yarayan altın bir ışık huzmesidir. Elinize de kocaman altın bir makas alın ve altın ışık huzmesinin altında bu altın makasla olumsuz duygu ve düşünce ürettiğiniz ve birbirinize olumsuz anlamda bağlı kalmanıza sebep olan eterik kordonu kesin. Ve bu kordonun yere düşüp kuruduğunu ve toprağa karıştığını hayal edin.

Ve tekrar kişinin gözlerinin içine bakarak "Tekâmül yolculuğumda yanımda olduğun ve öğrenmem gerekenlere vesile olduğun için teşekkür ederim ama artık ikimizin de serbest ve özgür olmasının zamanı geldi. Kendimi ve seni serbest bırakıyorum, serbest bırakıyorum ve serbest bırakıyorum" deyin ve kişinin arkasını dönüp uzaklaşmasını seyredin.

Şimdi gökyüzünden yeşil ve pembe bir ışık huzmesinin kalbinize aktığını hayal edin. Üstünüze sevgi ve şifa enerjisinin yağdığını hayal edin. "Artık şifalandım, serbest kaldım ve özgürüm. Şükürler olsun. Şükürler olsun. Şükürler olsun" deyin. Burnunuzdan nefes alıp vermeye devam edin ve hazır olduğunuzda gözlerinizi açın. Şifa olsun...

Bunu her kızgın olduğunuz kişi için istediğiniz kadar tekrarlayabilirsiniz. Aynı kişi için yedi gün üst üste yapmak şifalanma etkisini inanılmaz artıracaktır. Ayrıca her dolunayda tekrarlamak da şifayı en üst boyuta çıkaracaktır.

Parolamız: *"Affedilmek istiyorsan önce affetmeyi öğren..."*

Sadece Bugün Dedikodu Yapma

"Başkasının dedikodusunu yapan biri, senin de dedikodunu yapar."

Frank Sherkani

Hepimiz az çok dedikodu yapmaktan hoşlanırız. Şu cümleler eminim size çok tanıdık gelecektir: "Nükhet'in geçen giydiği kıyafeti gördün mü, hiç yakışmamış. Zaten çocuk doğurduktan sonra kilo da almış verememiş. Ya Yeşim'e ne demeli, kocasıyla geçen acayip tartışmışlar. Bu gidişle bir seneye kalmaz boşanırlar. Sedaların durumu kötüye gitmiş, evlerini satıp kiraya çıkmışlar vs. vs. vs."

Arkadaş toplantılarında anlattığımız ya da dinlediğimiz buna benzer ne kadar çok hikâye var değil mi? "Ah ah!" Dedikodunun ne kadar düşük bir frekans olduğunu bilsek ve bunları konuşarak enerjimizi ne kadar düşürdüğümüzü görebilsek sanırım bir daha birisinin arkasından konuşmadan önce bir defa değil üç defa düşünürdük.

O zaman ne yapıyoruz, bugünden itibaren başkaları hakkında konuşmayı kesiyoruz. Bir başkasının hayat yolculuğunu yargılamak zaten bizim işimiz değil. Bizim işimiz kendi hayat yolculuğumuzu en iyi hale getirmek. Kendimizin en iyi halini yaratmak.

Not: Dedikodu yaptığın zaman ilgili kişi senin yanında olmasa bile söylediklerini hisseder. Söz bir enerjidir. Senden çıkan negatif enerji titreşimi onu bulur ve ilişkinizi aşağıya çeker. Sen laf olsun, eğlence olsun diye birisi hakkında konuşsan bile kısa zamanda ilişkiniz bozulacaktır.

Dedikoduyu Dönüştürme Ödevi 1: Ne zaman ki kendimizi birisinin arkasından konuşurken buluyoruz hemen o kişiyle ilgili iki tane güzel şey söylüyoruz. Böylelikle yaydığımız negatif enerjiyi pozitife çeviriyoruz.

Dedikoduyu Dönüştürme Ödevi 2: Ne zaman ki kendimizi başkasının arkasından konuşurken buluyoruz hemen kumbaraya 1 TL atıyoruz. Ve kumbarada toplanan paraları yetim sevindirmek için kullanıyoruz.

Dedikodudan ve Olumsuz Enerjilerden Korunma Ritüeli

Diyelim ki dedikodu yapılan, olumsuz konuşulan bir ortama düştük ve oradan gitme ihtimalimiz de yok. Önce kendinizi mavi bir koruma balonunun içine aldığınızı imgeleyin ve sol elinizle solar pleksusunuzu kapatıp (göbek deliğiyle kaburganın arasında kalan kısım) üç kez "Dinlediğim her türlü olumsuzluğa ve dedikoduya kendimi kapatıyorum, neşede, mutlulukta ve huzurda kalmayı seçiyorum" deyin. Böylece kendinizi çevredeki tüm negatif enerjilerden korumuş olursunuz.

Parolamız: "*Yaptığın dedikodu er geç sana geri döner...*"

Sadece Bugün Yargılama

"Bir önyargıyı yok etmek atomu parçalamaktan daha zordur."
Albert Einstein

Yargılamak hem kendimize hem başkalarına yaptığımız en büyük haksızlıklardan biridir. Önce kendimizi yargılama konusuna bakalım.

Bir şeyi başaramadığımızda "Al işte gene yapamadın, aptalsın, başarısızsın, gene beceremedin!" gibi yargılarda bulunmak hiçbir işe yaramadığı gibi sadece bizim enerjimizi aşağı düşürür. Aşağı düşen enerjimiz moralimizi daha da bozar. Sonra biraz daha kendimizi yargılarız, biraz daha enerjimiz aşağı düşer ve kendi yargılarımızdan başka bir şey duyamaz hale geliriz.

Artık başkaları da bize "Sen başarısızsın, aptalsın!" demeye başlamışlardır çünkü çevremize bu enerjiyi yaymışız ve kendimizi bir güzel hapsetmişizdir.

Yani kendi bindiğimiz dalı kesmişizdir. Unutmayın siz kendinizle bir takımsınız ve her durumda elinizden gelenin en iyisini yapmak sizin görevinizdir.

Varsın bu kez de başaramayın ne olacak ki? Hayat yolunda her şey sadece bir deneyimdir. Denediniz ve olmadı. O zaman tekrar deneyin, tekrar deneyin ve tekrar deneyin. Unutmayın önemli olan yere düşmemek değil her seferinde tekrar ayağa kalkıp yola devam etmektir.

Kendini Yargılamayı Dönüştürme Ritüeli

Her kendini yargıladığın olumsuz cümlenin yerine iki tane olumlu yargı koyacaksın. "Ben başarısızım" mı dedin? "Ben başarılıyım ve kendime güveniyorum" diyeceksin. "Ben aptalım" mı dedin? "Ben çok akıllıyım ve harika işler başarıyorum" diyeceksin. "Ben beceriksizim" mi dedin? "Ben çok becerikli ve göz kamaştıran bir insanım" diyeceksin.

Kendini Yargılamadan Vazgeçirme Ödevi

Her kendini yargıladığında kumbaraya 1 TL atıyorsun ve kumbaran dolduğu zaman bunu düşkünlere yardım evine bağışlıyorsun.

Gelelim başkalarını yargılama mevzusuna...

Sen kim oluyorsun ki başkasının hayat yolunu yargılıyorsun? Çok sevdiğim bir laf vardır: "Önce benim ayakkabılarımı giy, aynı yolu yürü, sonra beni yargıla."

Daha önce de söylediğim gibi bu hayatta herkes önce kendinden ve kendi yolunu güzelleştirmekten sorumludur. Sen başkalarının ne yaptığına bakacağına kendi hayat yoluna çekidüzen ver.

Ve şunu sakın unutma. Her nerede birini yargıladın ya da kınadıysan mutlaka aynısını yaparsın. Sen yapmasan çocuğun yapar, çocuğun yapmasa torunun yapar. Ama o enerjiyi yaydın ya, ayıpladın ya, kınadın ya sen de aynısını deneyimlemeden göçüp gitmezsin. Çok sevdiğim bir büyüğümün şöyle bir sözü vardır: "Men dakka dukka." Yani: "Eden bulur." Her şeyi sözlerimizle biz başımıza getiriyoruz.

Başkasını Yargılamayı Dönüştürme Ritüeli

O kişi hakkında söylediğin yargının yerine iki tane olumlu cümle koyacaksın. Mesela "Melahat'ın kızı zaten yemek yapamaz evde kalır. Evlense bile kocası onu kapının önüne koyuverir" yerine "Melahat'ın kızı genç, güzel ve bir evi çok güzel çekip çevirir, iyi bir evlilik yapacak o" gibi.

Başkalarını Yargılamadan Vazgeçirme Ödevi

Her başkasını yargıladığında kumbaraya 1 TL atıyorsun ve kumbarada biriken parayı dilediğin bir hayır kurumuna bağışlıyorsun.

Parolamız: *"Yargılarımız aşmamız gereken duvarlarımızdır..."*

Sadece Bugün Kendini İşine Ada

"Harika işler yapabilmenin tek yolu yaptığın işi sevmektir."

Steve Jobs

Çalışmak gerçekten çok önemlidir. Çalıştığımız için gelir elde ediyoruz ve gelir elde ettiğimiz için ev geçindiriyoruz, giyiniyoruz, kurslara gidiyoruz, yemek yiyoruz, tatile çıkıyoruz. O yüzden bir kere işin çok kutsal olduğunu anlamalıyız. "Tamam, iş çok kutsal da sevmiyorum kardeşim" dediğinizi duyar gibi oluyorum.

Şimdi Reiki seminerlerimde anlattığım kendimle ilgili bir anım var. Önce onu burada paylaşmak sonra da konuya devam etmek istiyorum.

Uzun yıllar finans sektörünün borsa bölümünde çalıştım. Önümde iki ekran ve sürekli çalan dört telefonum vardı. Çalışmaya sabah sekiz buçukta başlardım ve akşam yedilere kadar ofiste kalırdım. İşimi ilk başlarda gerçekten çok seviyordum, hatta yetkili bile olmuştum. Fakat zaman içinde sürekli paradan konuşmak, hiçbir şey üretmemek, her şeyin ekranda gördüğüm sayılardan ibaret olması ruhuma iyi gelmemeye başladı.

Zaman içerisinde mutsuzlaştım, işten eve gelince canım kimseyle konuşmak istemiyordu. Zaten gün içinde yeteri kadar insanla konuşuyordum. Eve gelince sadece sessizlikte boş boş durmak ve kendimi ertesi günün hareketine hazırlamak istiyordum. Tabii bu durum özel hayat diye bir şey bırakmıyordu.

Uzun süreli tatil hakkım olmasına karşın bu izni kullanmak mümkün değildi. Bir hafta izin kullandıktan sonra en az altı-sekiz ay beklemek gerekirdi ikinci bir hafta için. Bu da işten kopup istediğim kafa dinginliğimi sağlamamda bana yetmiyordu.

Ara ara çevremdekilere işten ayrılmayı düşündüğümü söylediğimde "Rahat mı battı?", "Emekli ol sonra ne istersen yaparsın" gibi cevaplar alıyordum. Arkadaşlar, emekli olmak demek zaten bir ömrü o işte geçirmiş olmam demekti ama kimselere mutsuzluğumun derinliğini anlatamıyordum.

Bazen öğlen tatillerinde dışarıya çıkıp ağladığımı bilirim. Borsa çok stresliydi ve riskliydi. İnsanların para kazandığı gibi para kaybettiği de oluyordu. Ve bunun ağırlığı sanki benim omuzlarıma binmişti. Artık sinirlerim bayağı bir yıpranmıştı.

Fakat ben çözüm aramak yerine inatla o mutsuzlukta yola devam etmeyi seçmiştim. Ne başka bir bölüme geçmeye çabalıyor, ne de başka ne iş yapabilirim diye araştırıyordum.

Mutsuz mutsuz işe gidip geliyordum. Ne kendime, ne işverenime, ne de müşterilerime hak ettiğimiz özeni gösterebiliyordum.

Sonunda çok şiddetli boyun ağrılarım başladı. Sürekli hastanelere taşınıp lokal kortizon iğneleri yaptırmaya ve fizik tedavi seansları almaya başladım. Tabii ben özel sağlık sigortam olduğundan elimi kolumu sallayarak fizik tedavilerime gidip gelmeye başladım. Ta ki bir gün hemşirelerden biri "Anette Hanım biraz borcunuz birikti, ne zaman ödeme yapacaksınız?" diye sorana kadar. O zaman yaşım çok genç ve sigortanın fizik tedaviler için limitli olduğundan haberim yok ve ben o limiti dolduralı bayağı bir olmuş. Sizin anlayacağınız o fizik tedaviler için bayağı bir parayı cebimden ödemeye başladım.

Ama boynum hep tutuktu. Boyun tutulması yaşayanlar bilir. Berbat bir durumdur çünkü başınızı sağ sola çeviremezsiniz ve bu da insanın canını çok sıkar. Ağrısından bahsetmiyorum bile.

Günler böyle mutsuz ve ağrılı bir şekilde devam ederken dayanamaz duruma geldim ve işten ayrıldım. Artık o kadar sinirlerim bozuktu ki tekrar çalışacak ve iş bakacak durumum yoktu. Benim için en inanılmaz kısımsa işten ayrıldıktan bir ay sonra ne boynumun ağrısı ne de tutulması kaldı. Kendiliğinden geçti ve bir daha hiç olmadı.

Bu ağrılarımın kendiliğinden geçmesi kişisel gelişim seminerlerine olan yolculuğumun ve yurtiçi & yurtdışı gezilerimin başlangıcı oldu. O dönemde tanıştığım *Tüm Ağrıların Zihinsel Sebebi* (Louise L. Hay) adlı kitap benim bugün bile başucu kitabımdır ve hepinize tavsiye ederim. Ve yine o dönemde tanıştığım enerji çalışmaları ve Reiki hayatımın değişmezleri oldu.

Neyse konumuza dönelim. Aslında benim işten bu kadar sıkıldığım dönem ne yapmam gerekiyordu? Çözüm odaklı olmam gerekiyordu. Yerimde oturup ağlayacağıma "Ne yapmam gerekiyor?" diye sorup harekete geçmem gerekiyordu.

Bense ağacın üstüne çıkıp aşağıya inemeyen bir kedi gibi donup kalmıştım. Anlayacağınız ne kendime ne de başkalarına hayrım olmayan uzun bir dönem geçirdim.

Böyle bir yoldan geçmiş biri olarak size şunu net bir şekilde söyleyebilirim. İşiniz hayatınızın çok büyük bir bölümünü kapsamakta. Bu nedenle yaptığınız işi sevin. Ya da sevmenin bir yolunu bulun. Baktınız işi sevmenin bir yolunu bulamıyorsunuz o zaman çözüm odaklı olun ve seveceğiniz bir işe geçmenin yollarını araştırın ve uygulamaya koyun.

İnsanın sevmediği bir işte çalışması demek en düşük enerji frekansında titreşmesi ve bu düşük frekanstaki deneyimleri kendisine çekmesi demektir. Yani sevmediğiniz bir işte çalışmak inanın bana hayatınızın tüm alanlarına sıçrayacaktır.

Aynı şekilde sevdiğiniz bir işte çalışmak ise enerjinizi yükseltecek ve hayatınızın tüm alanlarına yayılacaktır. Söylemesi benden yapması sizden.☺

Parolamız: *"Mutluluk sevdiğin işi yapmaktan geçer..."*

Sadece Bugün Vazgeçmeyi Öğren

"Bırakmayı öğren. Mutluluğun anahtarı budur."

Buda

Hayatımızda en sık yaptığımız şeylerden biri artık görevini tamamlamış ilişkilere sıkı sıkıya tutunmaya devam etmektir. Sadece ilişkilere de değil. Vadesini tamamlamış her şeye tutunma eğilimimiz vardır: İşe, kıyafete, ayakkabıya, eve, arabaya, paraya, mücevhere...

Halbuki bu hayatta her şey bir öğreti ve her şey bir deneyim. Ben kendimi yolda yürüyen bir insan olarak imgelerim ve bu yolda giderken diğer her şey (koca, sevgili, yeğen, kardeş, komşu, patron, iş arkadaşı, kayınvalide, mal, mülk, iş vs.) bana eşlik eder. Sonra bana göstermeleri gerekenleri gösterince yoldan çekilirler ki yeni derslerim gelebilsin. Ve bu devinim bir ömür boyu sürer. Yani bir şey başıma geldiğinde ah vah etmektense "Ben bu deneyimden ne öğrendim, almam gereken ders nedir, bundan sonra ne yapmalıyım, hangi yöne gitmeliyim?" gibi sorular sorarım.

Ayrıca zaman içinde sizin enerjiniz değiştiğinden yol arkadaşlarınızın da değişmesi çok doğal. Her şey aynı enerji frekansını taşıyanlarla beraber yol alır. Yollarınızı ayırdıklarınız sadece başka bir enerjide titreşmeye başlamıştır o kadar.

Şimdi size bu konuyla ilgili blogum Zamazingo'da (www.anetteinselberg.com) yazdığım bir makaleyi paylaşıyorum, ardından birkaç ritüel vermeye çalışacağım:

Bazen Tutunmak Bırakmaktan Daha Fazla Acıtır

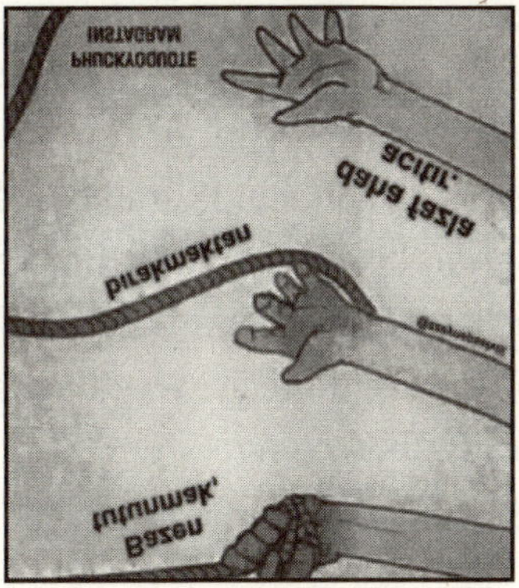

Bazen sevgilinle, eşinle ilişkin kötüye gider. Kötüye gitmek ne demek uçuruma gider. Evde sadece kavga ve gürültü olur. O kadar yılın emeğini bir türlü sineye çekemezsin. Bir inat, bir umut devam ettirmeye çalışırsın ve cehennemde yaşamaya devam edersin.

Bazen sevmediğin bir işte çalışıyorsundur. Çok mutsuzsundur. Sağlığın kötüye gider, sosyal ilişkilerin kötüye gider, hayatın kötüye gider, yine de çekip gidemezsin. Bir inat, bir umut devam edersin çalışmaya. Başkaları ne der diye. Bazen kendi işin açmaza girer. Piyasa kötüdür, artık kâr yoktur, rekabet kızışmıştır. Ya kurtarırsam diye debelenir durursun, işlerin bin beter hale geldiğini göre göre. Yine de bir inat, bir umut devam edersin işe, gururun izin vermez "Başaramadım!" demeye.

→

Bazen ekonomik olarak zor duruma düşersin. Maliyetlerle başa çıkamaz hale gelirsin. Yine de tutunursun evine, arabana. Sanki onlar sana emanet edilmemişler gibi senin zannedersin. Satmakta zorlanırsın. Bir inat bir umut başka çareler aramaya devam edersin, sanki onlarsız yaşayamazmışsın gibi.

Bazen bir arkadaşa sıkıca tutunursun. Kendi hayatının sorunlarını sen çözemezmişsin gibi onun çözmesini beklersin. Arkadaşınla zaman içinde aran bozulur, yine de araya gerekli mesafeye koyamazsın. Bir inat, bir umut devam edersin arkadaşlığa sanki en yakın dostun kendin değilmişsin gibi. Bu dünyada eş de geçici sevgili de, iş de geçici para da, mal da geçici mülk de.

Unutmayın, bunlara tutunmanın bedeli, bırakmaktan daha fazladır.

Vazgeçmeyi Öğrenme Ritüeli 1: Şimdi dolabınızın karşısına geçin ve iki seneden fazladır giymediğiniz bütün kıyafetleri, ayakkabıları bir poşete koyun ve en yakın hayır kurumuna bağışlayın. Böylece eğer bir gün zayıflarsam ya da modası tekrar gelirse diye tutunduğunuz eşyaları elden çıkarmış olursunuz. İnanın üstünüze büyük bir ferahlık gelecek.

Vazgeçmeyi Öğrenme Ritüeli 2: Evinizin çekmecelerini şöyle bir gözden geçirin. Arkadaşınız var diye aldığınız masa örtülerini, sıkıldığınız ve atmaya kıyamadığınız vazoları, kahve takımını vs. hepsini bir kutuya koyun ve ihtiyacı olan tanıdıklarınıza dağıtın.

Vazgeçmeyi Öğrenme Ritüeli 3: Sizin için hatırı sayılır tutarda, içinizi acıtacak tutarda bir parayı bir yetimhaneye bağışlayın.

Vazgeçmeyi Öğrenme Ritüeli 4: "Benim malım mülküm niye elden gitti, param niye kalmadı, işimden niye atıldım?" diye hayıflanıyorsanız şu soruları kendinize sormaya başlayın:

"Mal, mülk, para elimdeyken bunların bende kalmasını hak etmek için neler yaptım?"

"Bunların değerini bildim mi?"

"Her gün şükrettim mi?"

"Benden yardım bekleyenlere yeteri kadar yardım ettim mi?"

"Dürüst ve adil oldum mu?"

"İşimde istekli miydim?"

"İşin gereklerini yapıyor muydum?"

"İşe hevesle gidiyor muydum?"

"İşimin varlığına şükrediyor muydum?"

"Kendimi geliştirmek için çabalıyor muydum?"

"Yeniden başlarsam hangi davranış ve tavırlarımı değiştirmem gerekiyor?"

"Bolluk bilincine geçmeye hazır mıyım?"

"Bolluk bilincinde kalmaya hazır mıyım?"

"Yeniden başlamaya hazır mıyım?"

Bu soruların üzerinde düşündükten sonra şu cümleyi sessiz ve sakin bir ortamda lütfen üç kez tekrarlayın: "Hayatıma her türlü hayırlı kaynaktan tekrar bolluk, bereket, mal, mülk, besleyici bir evlilik, arkadaş, iş, girmesi için neler mümkün?"

Ve ertesi gün ya kendiniz ya da bir kurum aracılığıyla üç tane ağaç diktirin.

Son Söz

Ustaya sormuşlar:

"Her şeyimi kaybettim şimdi ne yapacağım?"

Usta cevap vermiş:

"Çay koy, her şeye yeniden başlayacaksın."

Sadece Bugün İçe Atma Ama Dışa At

“İki şey aklın eksikliğini gösterir: Konuşulacak yerde susmak, susulacak yerde konuşmak.”

Sadi

“Peki ama nasıl?” dediğinizi duyar gibiyim. Aman sakın bağıra çağıra, haykıra böğüre, ağlaya tıksıra bu işi yapmayın. Hiçbir işe yaramaz. Her şeyin bir yolu yordamı var.

Benim gibi senelerce her şeyi içine atmış biriyseniz bir anda her şeyi söylemeye başlamak tabii ki zaman alacaktır. Ben, her şeyi içine atan sonra da zamansız ve esas konuyla alakasız bir şekilde kendimi bağırıp çağıran bir halde bulan biriydim. Bir de bir güzel haksız duruma düşüp özür dilerdim arkasından. O yüzden aman dikkat diyorum.

Öncelikle olay anında anlık tepki vermeye çalışmak, illa “Bak ben haklıyım” diye dövünmek işe yaramayan şeyler. Ama hiçbir şey olmamış gibi yapmak, sorunu halının altına süpürmek ve yokmuş gibi davranmak da işe yaramıyor. O yüzden güler yüzle ve tatlılıkla söylemek, suçlamadan konuşmak, “Ben böyle hissettim, bunu nasıl çözeriz?” diline geçebilmek çok önemli.

Kızgın olduğumuz birini karşımıza alıp konuşmadan önce aşağıdaki iki alıştırmayı yapıp öyle konuşmanızı tavsiye ederim. Bu iki çalışmayı aynı anda da yapabilirsiniz, birini bitirip öbürüne de başlayabilirsiniz. Sonrasında kendinizi ifade etmeye bir adım yaklaştığınızı göreceksiniz. Tatlı konuşmak, kendini güzel bir şekilde ifade etmek zaman alan ve zaman içinde gelişen bir beceri. Yılmayın. Bazen kafayı gözü yarsanız da yola devam edin.

Çalışma 1: Görüntülü Ekranla Konuşma Alıştırması

Gece yatmadan önce kızgın olduğunuz kişiyi gözünüzün önüne getirin. Sanki telefonda görüntülü konuşuyormuşsunuz gibi karşınızda dursun. Göz göze bakışın. Sonra içinizi istediğiniz gibi boşaltın. Bütün kurtlarınızı dökün. Abartın, bağırın, ağlayın, ayaklarınızı yatağa vurun. Ta ki tüm söyleyecekleriniz bitene kadar konuşun. Gerekirse hayali görüşmeyi bitirip tekrar başlatın.

İçinizi boşaltana kadar bunu yapın. Konuşmanız bitince de yataktan kalkıp ılık bir duş alın. Duş alırken "Bütün öfkem, kızgınlığım, incinmem üstümden aktı gitti. Oh be!" deyin. Yatağınıza dönüp mışıl mışıl uyuyun. Ertesi sabah elinize bir bardak su alın ve "Artık kendimi tatlılıkla ve güler yüzle ifade etmeye hazırım deyip" suyu için.

Bunu yedi gün boyunca yapın. Eğer yedi gün yetmezse üç tane yedi gün yapın. Yani toplam 21 gün boyunca çalışmayı tekrarlayın.

Çalışma 2: Eski Usul Mektup Yazma

Gün içinde boş vaktiniz olduğunda elinize bir kâğıt kalem alıp "Olaylar ne zaman başladı, nasıl devam etti, neler oldu, nasıl fedakârlıklar yaptınız, nasıl karşılığını alamadınız, nasıl hakkınız yendi, neden içinize attınız ve hasta oldunuz, nasıl yaşam enerjiniz çalındı vs." hepsini ama hepsini yazın. Ağlaya bağıra yazın. Bu çalışmayı da yedi gün boyunca yapın.

Ve her mektup yazımından sonra gidip ılık bir duş alın. Duş alırken de "Bütün öfkem, kızgınlığım, incinmem üstümden aktı gitti. Oh be!" deyin. Duştan sonra da bir bardak su içerken "Artık kendimi tatlılıkla ve güler yüzle ifade etmeye hazırım" deyin ve suyu için.

Bunu yedi gün boyunca yapın. Eğer yedi gün yetmezse üç tane yedi gün yapın. Yani toplam 21 gün boyunca çalışmayı tekrarlayın.

Parolamız: *"Tatlı dil yılanı bile deliğinden çıkarır..."*

Evimizi, İşimizi, Kendimizi Negatif Enerjilerden Arındırma Ritüelleri

Birinci bölümün sonunda evimizi, işimizi ve kendimizi negatif enerjilerinden arındırma ritüelleri vermeye başlayacağım. Kendimizi ve evimizi negatif enerjilerden korumak ve frekansımızı yüksek tutmak çok önemlidir. Bu ritüellerden kalbinize sıcak geleni, tabiri yerindeyse "sizi çağıranı" uygulayabilirsiniz. Tabii ki inandığınız duaları etmeye devam edin. Şifa veren, mucizeler kapısını açan ve sizi koruyan her zaman Allah'tır. Bu ritüeller sadece vesiledir. Bu ritüelleri yaparken kendinizi kasmayın ve rahat olun. Ve aynı zamanda eğlenin.

Bu ritüelleri yapmak sizin negatif düşünce yapınızı pozitife dönüştürmeyi de amaçlamaktadır. Gelecek sayfalarda göreceğiniz üzere ritüelleri yaparken bunun için olumlama cümleleri de kullanacağız.

Eskiden olumlama cümlesi kullanmaya şüpheyle bakardım. Sanki kendimi kandırma gibi gelirdi. Sonra David Eagleman'ın *Beyin* adlı kitabını okudum ve bu şüphelerimi bilimsel olarak gidermiş oldum. Daha detaylı bilgi için bu kitabı okuyabilirsiniz. Ben burada anladığım gibi anlatacağım.

Beynimizde "snaps" denilen ve birbiriyle iletişim kuran sinir ağları yani nöronlar var. Ve biz ne kadar bir düşünceyi ya da cümleyi tekrarlarsak nöronların kullandığı iletişim ağı o kadar güçlü ve yaygın oluyor. Olumsuz düşünüp konuşursak beynimizin nöronları olumsuz iletişim ağıyla dolan bir otobana benziyor. Ve aralarda kurduğumuz olumlu cümle ve düşünceler bu otobandan geçmeye çalışırken heba oluyor.

Halbuki bizim için enerjimizi yüksek tutmak makbuldür. Bu da ancak olumlu düşünmeyi zihnimize öğretmekten yani bol bol olumlu cümleleri tekrarlamaktan ve olumlu düşünce otobanı kurmaktan geçiyor.

İlk ritüelimiz blogum Zamazingo (www.anetteinselberg.com) ve Instagram sayfamda (anette inselberg) da paylaştığım, benim de hem eğlenerek hem de keyifle yaptığım ve faydalarını çokça gördüğüm sirke+su+tuz ritüeli. Burada yazıyı değiştirmeden blogda paylaştığım şekliyle sizlere aktarıyorum.

Evimizi Negatif Enerjilerden Arındırma Ritüeli (21 Günlük Ritüel)

Yüzde yüz etkili 21 günlük bu ritüelle hayatınıza mucizevi kapılar açacaksınız. Söylemesi benden yapması sizden...

Hayatımızda bazı dönemler olur her şey ters gider. Kendimizi mutsuz, huzursuz, yorgun ve sinirli hissederiz. İş iyi gitmiyordur ya da işten çıkarılmışızdır. Sevgiliyle, eşle ara bozuktur. Eski sevgiliniz ne yapsanız sizi affetmiyordur. Sağlığınız yerlerde sürünüyordur. Para sıkıntısı iyiden iyiye baş göstermiştir. İşte bu belirtiler varsa uygulamanız gelen ritüel burada.

Hemen kocaman bir cam bardak alıyorsunuz. İçine bolca su, bir çay kaşığı elma sirkesi, bir çay kaşığı tuz koyuyorsunuz ve sabahtan yatağınızın altına bu karışımı koyarken şu sözleri tekrarlıyorsunuz: "Üzerimdeki tüm ağırlıkların, negatifliklerin, kem gözlerin bu bardakta toplanmasına niyet ediyorum, niyet ediyorum, niyet ediyorum."

Ve her sabah bu karışımı alıp lavaboya döküyorsunuz ve dökerken "Artık tüm yollarımın açılmasını seçiyorum, seçiyorum, seçiyorum" diyorsunuz.

Sonra yeni bir bardak hazırlayıp yatağınızın altına koyuyorsunuz. Ve bunu 21 gün boyunca yapıyorsunuz. Sonra önünüze açılan hayırlı kapılardan içeriye şansla, mutlulukla, huzurla, bereketle, kavuşma enerjisiyle giriyorsunuz.

Not 1: Yatağınız bazalıysa odanın herhangi bir yerine koyabilirsiniz.

Not 2: 21 gün boyunca aralıksız her sabah su, tuz, elma sirkesi karışımının dökülüp tazelenmesi gerekiyor. Eğer unutursanız ya da şehir dışına çıkmanız gerekiyorsa baştan başlamanız gerekir.

Not 3: Hangi mekânda başladıysanız orada bitirilmesi gerekiyor.

Not 4: Ritüele 7 gün ara verip tekrar başlayabilirsiniz.

Not 5: Bu ritüele dilek dileyerek başlayabilirsiniz.

Not 6: Ritüelin istediğiniz bir gününde dilek dileyebilirsiniz.

Kendimizi Negatif Enerjilerden Koruma Ritüeli

Gün içinde yüksek enerjide kalmak çok önemlidir. O yüzden evden çıkmadan yapacağınız bu ritüel gün boyu korunmanıza yardım edecektir.

Evden çıkmadan önce kapının önünde durun ve mavi bir koruma balonuyla çerçevelendiğinizi hayal edin ve içinizden şu sözleri üç kez tekrarlayın: "Bugün mutlu olmayı, hayatıma güzellikler girmesini ve neşeli olmayı seçiyorum. Bugün enerjimin yüksek kalmasını seçiyorum."

Bu ritüeli gün içinde istediğiniz kadar tekrarlayabilirsiniz.

Akşamları Üstümüzde Kalan Negatif Enerjiyi Dönüştürme Ritüeli

Gün içinde bir sürü sıkıntı yaşamış olabiliriz ve insanların bize söylediği sözler aklımızda dönüp duruyor olabilir. Rahat bir uyku uyumak için bu kişilerle olan negatif enerji bağını kesmemiz gerekir.

Bunun için akşam yatmadan önce de üç kere "Bugün olumsuz olay yaşadığım her insana (beni üzen ... kişiye de diyebilirsiniz) bana öğrettikleri için teşekkür ediyor, onların şifalanmasını diliyor ve aramızdaki negatif enerji bağını kesiyorum, kesiyorum, kesiyorum ve onu sevgiyle yoluna uğurluyorum" diyerek huzurla uykuya dalabilirsiniz.

Bu ritüeli her gün yaptığınız zaman enerjinizin ne kadar hızlı bir şekilde değişip dönüştüğünü ve hayatınıza güzellikler girdiğini göreceksiniz.

Kararsız Kaldığımızda Cevap Bulma Ritüeli

Hayatta bazen yol ayrımlarına geliriz ve ne yapmamız gerektiğini bilemeyiz. Bu kararsızlık içindeyken "Acaba ne yapmalıyım?" sorusu ve endişesiyle yüreğimiz sıkılmışken ve içimizi sürekli yerken enerjimiz sürekli aşağıya doğru düşecektir. Ve düşük enerjiyle vereceğimiz kararlar da doğal olarak çok sağlıklı olmayacaktır.

Bu çalışmayla sorduğumuz tüm sorulara cevap bulabiliriz. Örneğin başka şehre taşınmalı mı, o işe girmeli mi, bu seminere gitmeli mi, ilişkiye devam etmek hayırlı mı, bana geri dönecek mi, geri dönmeli miyim gibi. Böyle durumlarda kullandığım ve çok işime yarayan basit bir çalışmayı sizinle paylaşmak istiyorum:

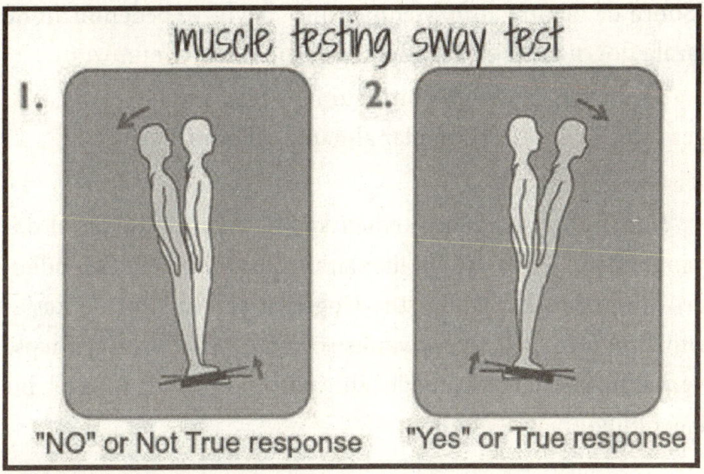

1) Ayağa kalkın (yüzünüz kuzeye baksın), ayaklarınızı birleştirin ve burnunuzdan üç kez nefes alıp ağzınızdan verin.

2) Gökyüzünden yeşil bir ışığın kalbinize aktığını hayal edin.

3) Sorunuza iyice konsantre olun ve vücudunuzu gevşek bırakın.

4) Sorunuzu sesli bir şekilde sorun. ("İlişkiye devam etmem benim için iyi mi?" gibi.)

5) Soruyu sorduktan sonra vücudunuz öne doğru gitmeye çalışıyorsa cevap olumludur.

6) Soruyu sorduktan sonra vücudunuz geriye doğru gitmeye çalışıyorsa sorunuzun cevabı olumsuzdur.

7) Gökyüzünden gelen yeşil ışığın kesildiğini hayal edin.

8) Burnunuzdan üç kez nefes alıp ağzınızdan verin ve çalışmayı bitirin.

9) Yeni soru sormak için en az bir saat bekleyin.

Önce bir deneme yapmak isterseniz adınız neyse onu söyleyin. Diyelim ki adınız Alev. "Benim adım Alev mi?" deyin ve bedeninizin ne tarafa eğildiğine bakın. Bu sizin evetinizdir. "Sonra da benim adım Mehmet mi?" deyin ve bedeninizin ne tarafa doğru gittiğine bakın, bu da sizin hayır yönünüzdür.

Benim çok faydasını gördüğüm bu çalışmanın size de fayda getirmesini ve güzel cevaplar almanızı dilerim.

Not: Bu uygulamanın temeli kas testine (kinesiyoloji) dayanmaktadır. Kinesiyoloji ilk olarak 1964 yılında Dr. Goodheart tarafından keşfedilmiştir. Doğruyu söylediğimizde kaslarımızın güçlü, yalan veya yanlış söylediğimizde ise zayıf tepki verdiğini, enerji bedenimizle bilinçaltımız arasında kuvvetli bir bağ olduğunu fark etmiştir.

Sevdiklerimizle Tıkanmış Olan İlişkilerimizi Dönüştürme Ritüeli

Bazen sevdiklerimizle ilişkilerimiz tıkanır ve nasıl çözeceğimizi bilemez hale geliriz. Böyle bir durumda gözlerinizi kapatın ve kendinize üç kere şu soruyu sorun:

"Bu kişinin canımı sıkmasına sebep olan ve içimde görmem gereken şey nedir?"

"Bu kişinin canımı sıkmasına sebep olan ve içimde görmem gereken şey nedir?"

"Bu kişinin canımı sıkmasına sebep olan ve içimde görmem gereken şey nedir?"

Ve pat cevap gelir. Ve şöyle olursunuz:

"Hımmm... Anladım."

O zaman kendinize üç kere şunu söyleyin:

"Bu yönümü sevgiyle kabul ediyorum ve serbest bırakıyorum, bu kişiye de bunu gösterdiği için teşekkür ediyorum."

"Bu yönümü sevgiyle kabul ediyorum ve serbest bırakıyorum, bu kişiye de bunu gösterdiği için teşekkür ediyorum."

"Bu yönümü sevgiyle kabul ediyorum ve serbest bırakıyorum, bu kişiye de bunu gösterdiği için teşekkür ediyorum."

İşte bu kadar basit... Önemli olan niyet cancanlar...

Hayatınızda Düğümlenmiş Sorunları Çözme Ritüeli

Bazen hayatınızın düğüm düğüm olduğunu, tıkandığını görür ve yine de bir şey yapamazsınız. İşte böyle bir durumdaysanız aşağıdaki ritüeli uygulamanız feraha çıkmanızı hızlandıracaktır.

Öncelikle siyah bir kurdele alın ve aralıklı olarak yedi tane düğüm atın. Ve arkasından sırasıyla düğümleri çözmeye başlayın. Düğümleri çözerken şu cümleleri tekrar edin:

1. Düğümü Çözerken: "Bu düğümü açarken hayatımdaki tüm olumsuzlukların bu düğümü açtığım gibi olumluya dönmesini seçiyorum."

2. Düğümü Çözerken: "Bu düğümü açarken hayatımdaki tüm acıların bu düğümü açtığım gibi olumluya dönmesini niyet ediyorum."

3. Düğümü Çözerken: "Bu düğümü açarken hayatımdaki tüm beklemede olan olayların hızlıca olmasına ve hayrıma dönmesine niyet ediyorum."

4. Düğümü Çözerken: "Bu düğümü açarken hayatımdaki tüm başarısızlıklarımın başarıya dönmesine niyet ediyorum."

5. Düğümü Çözerken: "Bu düğümü açarken hayatımdaki sıkıntı, kırgınlık yaşadığım aşkla ilgili tüm beklentilerimin mutluluğa ve olumluya dönmesine niyet ediyorum."

6. Düğümü Çözerken: "Bu düğümü açarken hayatımda sağlıkla ilgili yaşadığım her türlü sıkıntımın iyileşmesine ve olumluya dönmesine niyet ediyorum."

7. Düğümü Çözerken: "Bu düğümü açarken hayatımdaki tüm kapalı düğümlerin açılmasına ve olumluya dönmesine niyet ediyorum."

Ve düğümlerini çözdüğünüz siyah kurdeleyi kırmızı saplı bir makasla yedi parçaya bölün. Yedi parçaya ayrılmış kurdeleyi elinizde tutarken "Hayatımdaki tüm olumsuzlukların kolayca ve en hayırlı şekilde olumluya dönmesine niyet ediyorum deyin."

Ve kurdele parçalarını üç gün içinde evin dışındaki bir toprağa gömün...

Bu ritüeli Youtube'da Anette Inselberg kanalımda "Hayatımızdaki Düğümleri Çözme Ritüeli" başlığıyla bulabilirsiniz.

Silkinip Kendine Gelme Ritüeli

Hepimiz enerjimizin düştüğü, yataktan kalkmak bile istemediğimiz günler yaşarız. Kendimizi moralsiz ve amaçsız hissederiz. Bu duygular geçiciyse sorun değil fakat süreklilik göstermeye başladıysa "Eyvah!" demenizin ve silkinip kendinize gelmenin zamanı gelmiştir. Peki nasıl silkinip kendime geleceğim dediğinizi duyar gibiyim.

1) Önce kendinize bir bardak su doldurun ve oturun. Elinizdeki su bardağından üç yudum için ve suya üç kez "Hayat çok güzel, bugün çok güzel şükürler olsun" deyin ve suyu için...

2) Ardından elma sirkesini yanınıza alıp doğru duşa girin. Elma sirkesiyle (9-10 damla yeter) vücudunuzu arındırın ve arkasından duşunuzu alın. Su üstünüzden akıp giderken "Tüm sıkıntılarım, endişelerim, pişmanlık ve acılarım üzerimden akıp gidiyor, üzerimden akıp gidiyor, üzerimden akıp gidiyor" deyin...

3) Şimdi giyindiğiniz gibi (yanınıza parkta oturmak için örtü, kâğıt kalem ve küçük şişe su alıyorsunuz) dışarıya çıkıyorsunuz ve yarım saat yürüyüş yapıyorsunuz. Arkasından parka girip bir ağacın dibine oturuyorsunuz. Sırtınızı mutlaka ağaca yaslıyorsunuz ve ayakkabılarınızı çıkarıyorsunuz. Gözü kapalı on dakika oturduktan sonra "İçime huzurun, sakinliğin, neşenin, şifanın akmasına izin veriyorum, izin veriyorum, izin veriyorum" diyorsunuz...

4) Şimdi kâğıdı kalemi çantanızdan çıkarıp sahip olduğunuz şeylerin listesini yapmaya başlıyorsunuz. "Aman sanki neyim var ki?" demeyin. Aslında o kadar şanslısınız ve o kadar çok şeye sahipsiniz ki. Sadece bunları tekrar hatırlamaya ihtiyacınız var. Sahip olduğunuz şeyleri yazıp yanına da "Şükürler olsun" yazın (en az 21 madde yazmanız gerekiyor). Mesela ben liste yapacak olsam şöyle olurdu:

"Ailem için şükürler olsun."

"Arkadaşlarım için şükürler olsun."

"Seminer (işim olduğu için) verdiğim için şükürler olsun."

"Her gün başımı soktuğum, keyif yaptığım, çayımı içip yemeğimi yediğim, film seyredip müzik dinleyebildiğim bir evim olduğu için şükürler olsun."

"Parka yürüyerek sağlıklı bir şekilde gelebildiğim için şükürler olsun..."

"Gökyüzünü, kuşları, yeşilliği görüp tadını çıkarabildiğim için şükürler olsun..."

5) Sıra su şişesini çantadan çıkarmaya geldi. Önce kapağını açıp birkaç yudum için. Sonra şişeyi ellerinizin arasına alın (şişenin kapağı açık haldeyken) ve suya 11 kez şunları söyleyin: "Ben güçlüyüm ve kuvvetliyim, her şeyin üstesinden gelebilir ve çözebilirim." Sonra sudan 11 yudum alın...

6) Sıra "doğa meditasyonu" yapmaya geldi. Getirdiğiniz örtüyü çimlere yayıp sırtüstü uzanın. Gözlerinizi kapatın. Burnunuzdan nefes alıp vermeye başlayın. Üç kez "Ben evrenle birim" deyin...

Sonra burnunuzdan nefes alırken doğa anadan yani topraktan enerji çektiğinizi hayal edin. Nefes verirken de içinizdeki can sıkıntısını dışarıya boşaltın. Bunu 11 kez yapın...

Ardından burnunuzdan nefes alırken gökyüzünden enerji çektiğinizi hayal edin. Nefes verirken de içinizdeki can sıkıntısını da dışarıya boşaltın. Bunu da 11 kez yapın...

Şimdi sakince burnunuzdan nefes alıp vermeye devam ederken üç kez "Enerjiyle doldum, enerjiyle doldum, enerjiyle doldum" deyin...

Hazır olduğunuzda gözlerinizi açın ve parkta biraz daha vakit geçirin...

7) Eve dönerken mutlaka sadaka verin...

8) Akşam uyumadan önce yanınıza bir bardak su alın. Sudan önce üç yudum için ve arkasından suya üç kez "Hayat çok güzel, yarın çok güzel bir gün şükürler olsun" deyin ve suyu için...

Bu sekiz maddeyi yedi gün boyunca mutlaka yapın ve nasıl hayatla dolduğunuzu, yaşamdan zevk almaya başladığınızı fark edin.

Evinizin Titreşimini Yükseltme Ritüeli

Son zamanlarda evinize girdiğinizde üstünüze bir ağırlık çökmeye başlamışsa, işinizde, özel hayatınızda bazı tatsızlıklar baş göstermişse mutlaka bu yöntemleri uygulamalısınız:

1) Adaçayı veya Kurumuş Zeytin Dalı Yakma Zamanı: Bir tasın içine adaçayı ya da zeytin dalını koyun ve ucundan azıcık yakıp söndürün. Tasın dumanı çıkarken tüm odaları tütsüleyin. Bunu yaparken her odaya girdiğinizde önce bir köşe seçin ve soldan sağa (saatin ters yönünde olacak şekilde) tüm köşeleri gezin ve gezerken şöyle deyin: "Bu odadaki negatif enerjinin gitmesini, hayatıma bolluk, bereket, şans girmesini seçiyorum."

2) Evde Temizlik Zamanı: Elinize bir kova ve paspas alın. Temizleme suyunun içine elma sirkesi, karanfil ve lavanta atın, sonra evinizi bu karışımla bir güzel silin.

3) Evde Kullanmadığınız Eşyaları Ayıklama Zamanı: Ev gerçekten dipsiz bir kuyu gibi olur olmaz bir sürü şeyi sağa sola, dolap ve çekmecelere doldurup duruyoruz. Ve aldıklarımız bunun içinde senelerce kullanılmayı bekliyor. Geçiyoruz dolapların önüne ve iki seneden fazladır kullanmadığımız ne varsa ayıklıyoruz, torbaya koyup bir hayır kurumuna bağışlıyoruz. Vallahi buradan bile bana ferahlık geldi.

4) Evde Sevdiğiniz Şeyleri Yapma Zamanı: Kendine ve sevdiğin şeylere biraz vakit ayır. Dans et, film izle, kitap oku, müzik dinle. Seni mutlu eden ne varsa bunu her gün yarım saat yap...

5) Reiki, Meditasyon, Yoga, Tai Chi: Bu ya da benzeri uygulamalardan birini biliyorsan her gün bir odada bu çalışmaları yapmaya başla. Kısa zamanda evin enerjisinin nasıl yükseldiğini fark edeceksin...

6) Evi Yeşillendirme Zamanı: Salona, oturma odasına, balkona mutlaka bitki almalısın. Evin içinde yeşillik görmek insana sakinlik ve huzur hissi verir. Beğendiğin bitkileri al, yerlerine yerleştir ve sularken onlarla konuş, evine sevgi ve huzur yaymalarını rica et. Kısa zamanda evindeki huzur ortamının nasıl geliştiğine inanamayacaksın...

7) Evini Süslediğin Kırılmış Objeleri, Yapma Çiçekleri Temizleme Zamanı: Bazen sevdiğimiz objeler kırılıyor ama yine de atmaya kıyamıyoruz. Çekmeceye, dolaba kaldırıveriyoruz. Onları artık atma zamanı geldi. Haydi hemen kalkın çekmece ve dolapları karıştırın. Kullanmadığınız, kırılmış, çatlamış, yapay olan ne varsa evin dışına çıkarın...

Yukardaki yedi ipucunu hemen uygulamanızı öneririm. Böylelikle eve girdiğinizde mutlulukla mırıldanan bir kedi gibi siz de kendi köşenize huzurla kıvrılabileceksiniz...

Evrenle Bir Olma ve Frekansınızı Yükseltme Ritüeli

1) Suyunuzu Uyumlamak: İçme suyunuzu geceleri gökyüzünü görecek şekilde pencere kenarında bırakın ve sonra için...

2) Doğayla Buluşmak: Parka, ormana ya da deniz kenarına gidin ve en az bir saat orada vakit geçirin. Mümkünse toprağa çıplak ayakla basarak yürüyün...

3) Ağaç Meditasyonu Yapmak: Sessiz bir yerde oturun. Kendinizi bir ağaç olarak imgeleyin. Ayaklarınızın dünyanın merkezine doğru köklenerek uzadığını ve temellerinizin ne kadar sağlam olduğunu düşünün. Vücudunuzu ağacın gövdesi, el ve kollarınızı da dallar olarak düşünün. Ve her nefes alışınızda yaşam enerjisiyle dolduğunu ve her nefes verdiğinizde tüm kırgınlık ve umutsuzlukların kaybolduğunu hayal edin. Bu nefesi yedi kere tekrarlayın. Ve arkasından yavaşça gerinip hazır olduğunuzda gözlerinizi açın...

4) Ağaca Dokunmak ve Teşekkür Etmek: Yolda karşınıza çıkan üçüncü ağaca dokunun ve ona teşekkür edin. Ağaca sarılırsanız enerji aktarımı daha kuvvetli olacaktır...

5) Çevrenizdeki Uygun Bir Yere Hayvanlar İçin Su Kabı Bırakın: Başka canlıları düşünmek, onların beslenmesine yardımcı olmak sizin dünyayla olan bağınızı artıracak ve frekansınızı yükseltecektir...

6) Dağ Meditasyonu Yapmak: Sessiz bir yerde oturun ve kendinizi bir dağ olarak hayal edin. Ayaklarınız toprağa, başınız bulutlara değecek şekilde büyük ve heybetli bir dağ olduğunuzu düşünün. Doğa ananın üstünde heybetli bir şekilde kurulun. Her nefes alışınızda "Kendimi akışa teslim ediyorum" deyin ve bunu yedi kez tekrar edin. Sonrasında yavaş yavaş gerinin ve hazır olduğunuzda gözlerinizi açın...

Bu çalışmayı yedi gün sürdürürseniz kendinizi doğayla ve yaşamla bir hisseder, mutluluk ve huzurla dolup taştığınızı keşfedersiniz...

Not: Bunları istediğiniz sırada ve adette yapabilirsiniz. İçinden size uygun bir taneyi de yapmanız yeterlidir...

Stresi Dönüştürme Ritüeli

Gergin olduğunuz her zaman ve dolunaylarda yapabileceğiniz bu ritüel kahkaha yogasının küçük bir bölümüdür. Adım adım yazdıklarımı uygulayın lütfen.

1) Oturuyorsanız ayağa kalkın ve el çırpmaya başlayın. Özgürce ve serbestçe el çırpın.

2) Şimdi ellerinizi çırparken avuç içleriniz avuç içlerinizin, parmaklarınız parmaklarınızın üzerine gelecek şekilde el çırpın. Böylece avuç içinizdeki ve parmak uçlarınızdaki akupunktur noktaları uyarılacaktır.

3) Şimdi ellerinizi bu şekilde çırparken ritim ekleyin: Bir, iki... Bir, iki, üç şeklinde... Ve ellerinizi bu ritimde çırpmaya başlayın. Bir, iki... Bir, iki, üç... Bir, iki... Bir, iki, üç...

4) Ritimli bir şekilde el çırparken vücudunuz da gevşeyip rahatlasın ve bu tempoya uygun hareket etmeye başlasın. Bir, iki... Bir, iki, üç... Bir, iki... Bir, iki, üç...

5) Şimdi söz ekleme zamanı. Ellerimizi çırparken "Ho ho ha ha ha" diyeceğiz. "Ho ho ha ha ha... Ho ho ha ha ha... Ho ho ha ha ha..."

6) Bu sözleri ekleyip el çırparken vücudunuzu da gevşetip tempoya uygun bir şekilde hareket ettirin. "Ho ho ha ha ha... Ho ho ha ha ha... Ho ho ha ha ha..."

7) Altıncı ritüeli toplamda beş kere yaptıktan sonra ellerinizi çırparken "Çok iyi, çok iyi" deyin ve iki elinizi havaya kaldırırken "Hey!" deyin... Ve bunu yedi kez tekrarlayın...

Nasıl, enerjiniz değişti değil mi?... Yaşasın!

Not: Youtube (Anette Inselberg) kanalımda "Stresi Dönüştürme Atölyesi" başlığı altında bu ritüeli bulabilirsiniz. Videoyla yazı arasında bazı değişiklikler olabilir, iki şekilde de yapabilirsiniz...

Vücudumuzdaki Negatifleri Dönüştürme Ritüeli

Bazen gün o kadar çok koşturmalı ve ağır bir enerjide geçer ki ne yaparsak yapalım üzerimizde bir tortusu kalır. Bunu ertesi güne taşımamak adına akşam yapabileceğimiz bir ritüeli burada paylaşmak istiyorum.

Güzel bir meditasyon müziği açın ve üç tane mavi mum yakın.

Ilık suyla dolmuş bir leğene bir kaşık kayatuzu, bir kaşık elma sirkesi, bir kaşık İngiliz tuzu ve birkaç damla lavanta yağı damlattıktan sonra ayaklarınızı sokun ve 10-15 dakika bekletin.

Ayaklarınız leğendeyken üç kez "Vücudumdaki tüm negatif duyguların bu suya akmasını ve tekrar huzurla, neşeyle ve sağlıkla dolmayı seçiyorum, seçiyorum, seçiyorum" deyin.

Ve arkasından duş almak için doğru banyoya. Duş almaya başlamadan üstünüze 2-3 kaşık kayatuzu sürün ve suyla akıtın. Ve "Tüm ağırlıklarımdan kurtuldum. Oh be! Oh be! Oh be!" deyin...

Kilitlenmiş İşlerimizi Açma Ritüeli

Bazen çok istediğimiz şeyler kilitlenir ve sürüncemede kalır: Bir miras davasının sonuçlanmaması, iş bulamama, küs olduğumuz biriyle barışamama gibi...

Böyle bir şey yaşıyorsanız hemen bir asma kilit alın ve deniz kenarına gidin.

İki elinizi kalp hizanızda birleştirin, içinde de asma kilit ve anahtarı olsun.

Gözlerinizi kapayın ve yukardan yağan yeşil bir ışıkla kalbinizin ve elinizdeki asma kilit ve anahtarın yıkandığını imgeleyin.

Şimdi niyet edeceğiniz konuyu seçin ve şu özleri tekrarlayın: "Kilitlenmiş, tıkanmış bu işimin hızlıca, kolayca, çabucak ve en hayırlı şekilde çözülmesi için neler mümkün, neler mümkün, neler mümkün?"

Sonra elinizdeki anahtarla kilidi açıp denize atın.

Hititlerin MÖ 2000 Yılındaki Duvar Yazısından:

Tanrım, beni yavaşlat.

Aklımı sakinleştirerek kalbimi dinlendir.

Zamanın sonsuzluğunu göstererek bu telaşlı hızımı dengele.

Günün karmaşası içinde bana sonsuza kadar yaşayacak tepelerin sükûnetini ver.

Sinirlerim ve kaslarımdaki gerginliği, belleğimde yaşayan akarsuların melodisiyle yıka, götür.

Uykunun o büyüleyici ve iyileştirici gücünü duymama yardımcı ol.

Anlık zevkleri yaşayabilme sanatını öğret; bir çiçeğe bakmak için yavaşlamayı, güzel bir köpek ya da kediyi okşamak için durmayı, güzel bir kitaptan birkaç satır okumayı, balık avlayabilmeyi, hülyalara dalabilmeyi öğret.

Her gün bana kaplumbağa ve tavşanın masalını hatırlat. Hatırlat ki yarışı her zaman hızlı koşanın bitirmediğini, yaşamda hızı artırmaktan çok daha önemli şeyler olduğunu bileyim.

Heybetli meşe ağacının dallarından yukarıya doğru bakmamı sağla. Bakıp göreyim ki, onun böyle güçlü ve büyük olması yavaş ve iyi büyümesine bağlıdır.

→

Beni yavaşlat Tanrım ve köklerimi yaşam toprağının kalıcı değerlerine doğru göndermeme yardım et. Yardım et ki, kaderimin yıldızlarına doğru daha olgun ve daha sağlıklı olarak yükseleyim.

Ve hepsinden önemlisi

Tanrım, bana değiştirebileceğim şeyleri değiştirmek için CESARET, değiştiremeyeceğim şeyleri kabul etmek için SABIR, ikisi arasındaki farkı bilmek için AKIL ve beni aşkın körlüğünden ve yalanlarından koruyacak DOSTLAR ver.

2. BÖLÜM: SADECE BUGÜN

Evrendeki her şeyin enerji olduğunu artık biliyoruz. Enerjimizi ritüellerle, düşünme istemimizle, dualarla artırabiliriz.

Aşağıdaki tabloda yaşam enerjimizi artıran ve azaltan şeyleri karşılaştırmalı olarak göstermek istedim. Böylelikle hayatlarımızda "Ne yapmalı, ne yapmamalıyız?" sorusuna da bir cevap vermek istedim.

Bu bölümde "Daha Çok" dediğim maddelerin bazılarıyla ilgili açıklamalar, uygulamalar ödevler, meditasyonlar ve tabii ki ritüeller bulacaksınız.

İlk bölümde olduğu gibi "Sadece Bugün" başlığıyla bulacağınız bu uygulamaları hayata geçirmek gerçekten çok kolay çünkü sadece bugün yapacaksınız.☺

Unutmayın siz mutlu olursanız etrafınıza da mutluluk saçarsınız.

Siz iyi olursanız etrafa da iyilik saçarsınız.

İşe her zaman önce kendimizle ve kendi kapımızın önünü süpürmekle başlamalıyız.

Bir toplulukta herkesin etrafında toplandığı "o parıltı saçan" kişi mi olmak istiyorsunuz? Haydi o zaman ne duruyorsunuz? Okumaya ve uygulamaya başlayın...

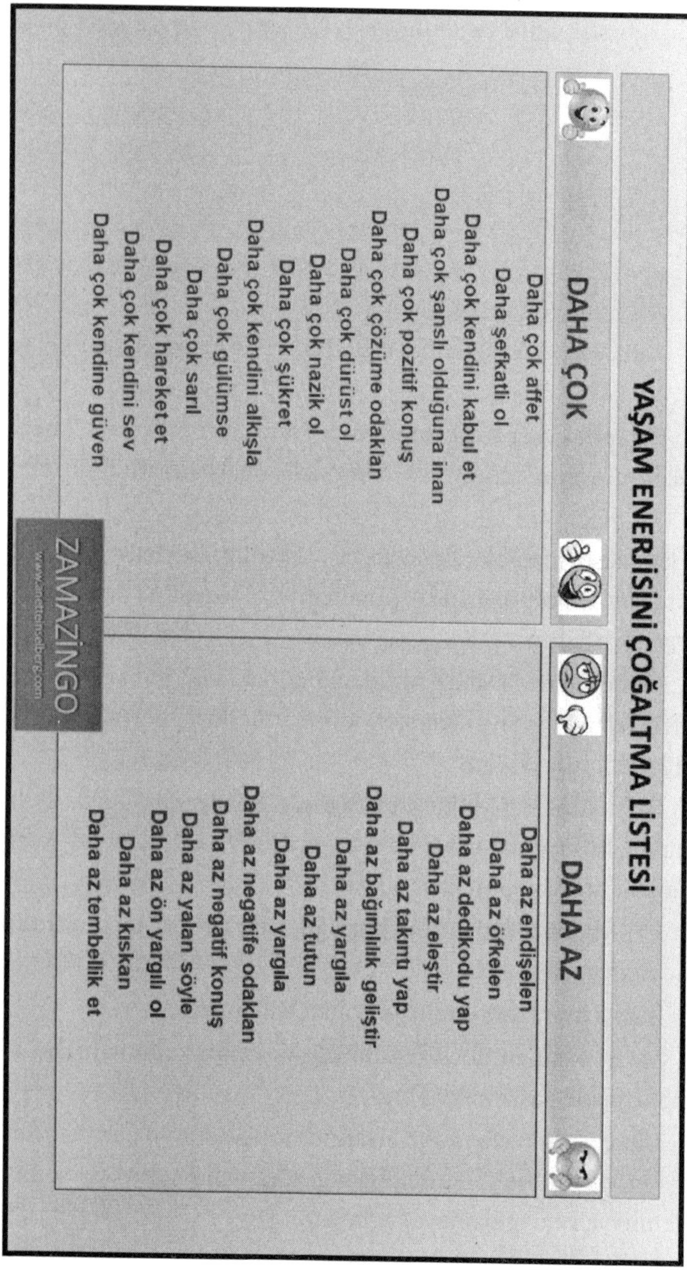
YAŞAM ENERJİSİNİ ÇOĞALTMA LİSTESİ
DAHA ÇOK
Daha çok affet
Daha şefkatli ol
Daha çok kendini kabul et
Daha çok şanslı olduğuna inan
Daha çok pozitif konuş
Daha çok çözüme odaklan
Daha çok dürüst ol
Daha çok nazik ol
Daha çok şükret
Daha çok kendini alkışla
Daha çok gülümse
Daha çok sarıl
Daha çok hareket et
Daha çok kendini sev
Daha çok kendine güven
DAHA AZ
Daha az endişelen
Daha az öfkelen
Daha az dedikodu yap
Daha az eleştir
Daha az takıntı yap
Daha az bağımlılık geliştir
Daha az yargıla
Daha az tutun
Daha az yargıla
Daha az negatife odaklan
Daha az negatif konuş
Daha az yalan söyle
Daha az ön yargılı ol
Daha az kıskan
Daha az tembellik et
ZAMAZİNGO
www.anetteinselberg.com

Sadece Bugün İnsanlara Nazik Davran

"Söz ağızdan çıkmadan önce üç kapıdan geçmelidir: İyilik, nezaket ve lüzum."

Münir Üstün

Dr. Mikao Usui'nin Reiki prensiplerinden biri olan "İnsanlara nazik davran" prensibine Reiki seminerlerimde başımdan geçen bir olayı anlatarak başlarım. Burada da aynı şekilde yapmak istiyorum.

Bir gün İstanbul'da sabah saatlerinde taksiye bindim ve taksi şoförüne "Günaydın" dedim. Şoför bey arkaya döndü ve "Gideceğiniz semti bilmiyorum, tarif eder misiniz?" dedi ve ben daha cevap verme fırsatı bile bulamadan önüne dönüp telefonunu eline aldı ve Yandex'ten "Günaydın" semtini aramaya başladı.

Ben şaşkınlıkla "Gideceğimiz yer Günaydın değil, o iyi günler anlamında günaydın" diye kendimi açıklamaya çalışırken şoför telefondan Günaydın semtinin nerede olduğunu aramaya başlamıştı bile.

Ben sonunda sesimi duyurup "günaydın" yani "iyi günler" demek istediğimi anlatabilince yüzünde büyük bir şaşkınlıkla "Size de günaydın" dedi. Ben de arada nereye gitmek istediğimi söyleyebildim, yola koyulduk ve bir yandan da sohbet etmeye başladık.

"Size hiç kimse günaydın demiyor mu?" diye merakla sordum "Yo!" dedi. "Zaten artık dinlemeyi de bıraktım. Arabaya alacaklarımın ücreti ödeyebilir mi diye kılığına kıyafetine bakıyorum, onun dışında da muhabbet etmiyorum. Binen yolcu kadınsa günaydın deseniz bir dert, erkekse ayrı dert. O yüzden kimseye bulaşmıyorum sadece işimi yapıyorum."

"Ay ne fena yapıyorsunuz!" diye cevap verdim adama. Ne bileyim arabanıza günde elli kişi biniyor olsa, bunlardan beşi selamınızı alsa ve onlar da gün içinde çevresindeki otuz kişiye bunu söylese, onlardan yine üç kişi selamı alsa ve içinde hoşnutluk duysa, böyle böyle çevremize güler yüzü, anlayışı, hoşgörüyü yayabiliriz.

Çevremizde gülümseyen insanlar, hoşgörü, neşe, huzur görmek istiyorsak bunu bizim yaymaya başlamamız lazım. Küs olduğun birine ilk mesajı sen at, görmediğin komşuna ilk aşureyi sen yap ve götür, ne olacak ki? Değişikliği sen başlat.

Kurtarıcı yok arkadaşlar kurtarıcılar biziz. Çevremizi ve hayatımızı güzelleştirecek olanlar yine bizleriz. Bizler sevgiyi, hoşgörüyü, anlayışı, gülümsemeyi yayacağız ki bu güzel duygu titreşimleri katlanarak bize dönsün. "Enerji Frekans Tablosu"na bakacak olursanız sevgi, neşe gibi duyguların en yüksek titreşimlerden olduğunu (500 hertzler) göreceksiniz.

Enerjimizi yüksek tutmak sadece kendimizle olan ilişkimizden geçmez. Ayrıca etrafa yaydığımız enerjinin de sevgi dolu, neşeli, hoşgörülü olmasından geçer. Varsın komşu aşureyi verdiğinizde yüzünü assın ne olacak ki? Biz üstümüze düşeni yaptık mı, biz kendimiz için ve çevremiz için sevgi tohumları ektik mi? Önemli olan sadece budur...

Nazik Davranma Ödevi 1: Bugün dışarı çıktığında üç kişiye günaydın de...

Nazik Davranma Ödevi 2: Kayınvalidene, annene, çalışma arkadaşına ya da komşuna bir tatlı yapıp götür ve onda bulduğun iyi özellikleri söyle...

Parolamız: *"İyilik yap denize at..."*

Sadece Bugün Şükret

"Şükrediyorum sağlıklı olduğum için, sevdiklerim ve sevenlerim için, karnımı doyurabildiğim için, sahip olduğum her şey için."

Anonim

Dr. Mikao Usui'nin Reiki prensiplerinden biri de "Sadece bugün şükret" prensibidir. Aslında bu hayatta olduğumuz için, bu hayat bize hediye olarak verildiği için o kadar şanslıyız ki. Fakat insanoğlu olarak bunu unutmaya çok meyilliyiz.

Halbuki şükür enerjisi "Enerji Frekans Tablosu"nda da görebileceğiniz gibi en yüksek enerjidir. Ve şükredecek o kadar çok şey var ki...

Şükretme Ritüeli ve Ödevi

Yirmi bir gün boyunca hayatınızda şükredecek üç şeyi bir deftere yazacaksınız. Ya da her gün üç maddelik bir şükür videosu çekip Instagram'da hikâye bölümüne koyacaksınız.

Böylece bir süre sonra hayatınızın mucizelerle dolu olduğunu fark edeceksiniz ve fark ettikçe de mucizeleriniz artacak.

Ayrıca şükür enerjisinde kalarak hem kendinizin hem de çevrenizdeki insanların titreşimlerini de yukarı doğru çekeceğinizi hatırlayın...

Not: Beyin kitabına göre hayatımıza yeni bir alışkanlığın ya da yeni bir düşüncenin girmesi için tekrarlanması gereken sayı 21'dir. O yüzden bu kitapta da 21 günlük ritüellere sık sık rastlayacaksınız...

Parolamız: *"Çok şükür..."*

Sadece Bugün Kendini Alkışla

Hepimiz hayat yolunda kendimize göre bir sürü deneyimler yaşıyoruz. Kimimiz hastalıkla, kimimiz iflasla ve işsizlikle, kimimiz ayrılıkla ve aldatılmayla sınanıyoruz. Ve bu deneyimleri atlatmaya çalışırken hatalar yapıyoruz, yere düşüyoruz ama öğrenerek bir şekilde ayağa kalkıp yola devam ediyoruz.

Önemli olan her ne olursa olsun yola devam etmekten, deneyimlerden dersler çıkarmaktan ve bir daha tekrarlamamaktan geçiyor.

Öyleyse hâlâ hayatta olduğumuz için, hâlâ mücadeleye devam etmeyi seçtiğimiz için ayağa kalkıyoruz ve kendimizi kuvvetle ve coşkuyla alkışlamaya başlıyoruz...

Kendimizi Alkışlama Ritüeli

Orta boy mavi bir karton alın ve üstüne "Kendimi alkışlıyorum" yazın. Ve oturduğunuz koltuğun karşısına bu yazıyı görebileceğiniz şekilde yerleştirin.

Şimdi oturduğunuz koltuktan ayağa kalkın ve "Kendimi çılgınlar gibi alkışlıyorum, alkışlıyorum, alkışlıyorum ve takdir ediyorum" derken kendinizi alkışlayın.

Alkışlamanız bitince oturun. Ve bunu iki kere daha tekrar edin.

Bütün enerjinizin değiştiğini ve kendinizle yüksek frekansta ilişki kurduğunuzu fark edeceksiniz.

Not: Youtube kanalım Anette Inselberg'de "Kendimizi Alkışlıyoruz Atölyesi" başlığıyla bu konu için çektiğim videoyu bulabilirsiniz...

Parolamız: *"Kendimi alkışlıyorum. Yehhuuuu!"*

Sadece Bugün Gülümse

"Kaybolan gün, hiç gülmeden geçen gündür."

S. Chamfor

Gülümsemek enerji seviyemizi yukarı çıkarmak için kullanabileceğimiz en etkili çalışmalardan biridir. "Peki her an neye güleceğim deli miyim ben ayol?" dediğinizi duyar gibiyim. Ve cevabım elbette ki hazır: "Sebepsiz güleceksiniz cancanlar." Ben de bunu geçenlerde gittiğim kahkaha yogası eğitiminde öğrendim.

Çocukların günde 300 kere, yetişkinlerin ise günde en fazla 15 kere güldüğünü biliyor muydunuz? Bu kadar az gülmemizin altındaysa "Bir sebep yok ki güleyim" bakış açımız yatıyor. Halbuki beynimiz sebepsiz de gülsek, hatta gülüyormuşuz gibi bile yapsak gerçekten güldüğümüzü zannedip bize mutluluk veren hormonları salgılıyormuş.

Yani endorfinler yukarı, stres aşağı oluyormuş.

Yaşam enerjisi yukarı, gerginlik aşağı oluyormuş.

O zaman ne yapacağız? Sebepli sebepsiz gülmeye başlayacağız.

Gülümseme Ritüeli 1: Sabahları sizi güldüren bir videoyu ya da yaşam enerjinizi artıracak bir müziği dinleyerek güne başlama alışkanlığı edineceksiniz.

Gülümseme Ritüeli 2: Yatağınızın yanına, bilgisayarınızın üzerine, buzdolabına, tuvaletteki aynanıza, sokak kapısının önüne ve arkasına yani gün içinde sürekli olarak gördüğünüz her yere gülümseme etiketi yapıştıracaksınız. Ve bu etiketleri her gördüğünüzde gülümseyeceksiniz.

Gülümseme Ritüeli 3: Her saat başı telefonunuz gülen bir insan sesi şeklinde çalmaya başlasın. Biliyorsunuz gülmek bulaşıcıdır. Bu gülme sesini dinleyerek siz de gülümsemeye başlayacaksınız.

İç Organlarımıza Gülümseme Ritüeli

Gülümsemek çok önemlidir dedik. Sebepsiz gülmek de çok önemlidir dedik. Önemli olan başka bir şey de iç organlarımıza gülümsemek ve onlara teşekkür etmek. Unutmayın organlarımız 7/24 bize hizmet ediyor. Bunun karşılığında bir gülümsemeyi ve teşekkürü de fazlasıyla hak ediyorlar. Bu çalışmayla bedenimizle bütünleşir, daha sağlıklı, mutlu ve huzurlu oluruz.

Bu ritüel için aynanın karşısına geçin. Bedeninize bakın. Ve sırayla aklınıza gelen tüm organlarınıza gülümseyip teşekkür edin.

"Ayaklarım, beni taşıdığın için sana teşekkür ederim" deyin ve gülümseyin.

"Dizlerim, çömelebildiğim için sana teşekkür ederim" deyin ve gülümseyin.

"Belim, eğilip doğrulabildiğim için sana teşekkür ederim" deyin ve gülümseyin.

"Cinsel organım, yaptığın hizmetler için sana teşekkür ederim" deyin ve gülümseyin.

"Midem, yaptığın hizmetler için sana teşekkür ederim" deyin ve gülümseyin.

"Bağırsaklarım, yaptığın hizmetler için sana teşekkür" ederim deyin ve gülümseyin.

"Dalağım, yaptığın hizmetler için sana teşekkür ederim" deyin ve gülümseyin.

"Karaciğerim, yaptığın hizmetler için sana teşekkür ederim" deyin ve gülümseyin.

"Pankreasım, yaptığın hizmetler için sana teşekkür ederim" deyin ve gülümseyin.

"Kalbim, yaptığın hizmetler için sana teşekkür ederim" deyin ve gülümseyin.

"Akciğerim, yaptığın hizmetler için sana teşekkür ederim" deyin ve gülümseyin.

"Böbreklerim, yaptığın hizmetler için sana teşekkür ederim" deyin ve gülümseyin.

"Kollarım, yaptığın hizmetler için sana teşekkür ederim" deyin ve gülümseyin.

"Ellerim, yaptığın hizmetler için sana teşekkür ederim" deyin ve gülümseyin.

"Omuzlarım, yaptığın hizmetler için sana teşekkür ederim" deyin ve gülümseyin.

"Sırtım, yaptığın hizmetler için sana teşekkür ederim" deyin ve gülümseyin.

"Boynum, yaptığın hizmetler için sana teşekkür ederim" deyin ve gülümseyin.

"Beynim, yaptığın hizmetler için sana teşekkür ederim" deyin ve gülümseyin.

"Gözlerim, yaptığın hizmetler için sana teşekkür ederim" deyin ve gülümseyin.

"Kulaklarım, yaptığın hizmetler için sana teşekkür ederim" deyin ve gülümseyin.

"Dilim, yaptığın hizmetler için sana teşekkür ederim" deyin ve gülümseyin.

"Ağzım, yaptığın hizmetler için sana teşekkür ederim" deyin ve gülümseyin.

Sonra kendinize öpücük atın ve çalışmayı tamamlayın.

Parolamız: *"Ha ha ha ha ha ha ha hah."*☺

Sadece Bugün Sarıl

Aslında bizi en çok tedavi eden, enerjimizi düzelten şeylerden biri sarılmaktır. Fakat günün koşuşturması içinde sarılmayı unutuyoruz. Demek ki tekrar hayatımıza katmanın tam zamanı. Bugün sevdiğin üç kişiye sarılma zamanı...

Sadece sevdiğin insanlara değil, evcil hayvanın varsa ona sarıl, doğaya çık ağaca sarıl. Haydi bugün senin sarılma günün. Koş koş koş...

Sevdiğine Sarılma Ritüeli

Sevdiğin kişiyle ayakta karşılıklı durun ve birbirinize sarılın.

Sarılırken "İyi ki varsın" deyin.

Sonra birbirinize "İçimdeki aydınlanmış varlık, içindeki aydınlanmış varlığa sevgi ve barış getiriyor" deyin.

Tekrar sarılın ve ritüeli bitirin.

Bunu üç kişiyle yapın...

Ağaca Sarılma Ritüeli

Size en yakın parka gidin ve parkta biraz dolaşın. Kalbinizin aktığı bir ağacın önüne gelin ve ağaca doğru dönün.

Önce iki elinizin avuç içleriyle ağacı okşayın. Sonra ağaca sıkı sıkı sarılın. Ve üç kere şöyle deyin: "Biz biriz ve birbirimizi onurlandırıyoruz."

Ve sarılmanız bittikten sonra ağacın dibinde oturup gökyüzüne bakın ve sahip olduklarınız için şükredin.

Parolamız: *"Sarılmak bizi iyileştirir..."*

Sadece Bugün Timüs Bezini Coştur

Timüs bezi bağışıklık sistemimizi güçlendiren, bize enerji veren, huzurlu ve mutlu olmamıza yardın eden enerji merkezlerimizden biridir.

Timüs bezine dokunmak ve aşağıdaki ritüeli yapmak inanılmaz faydalıdır.

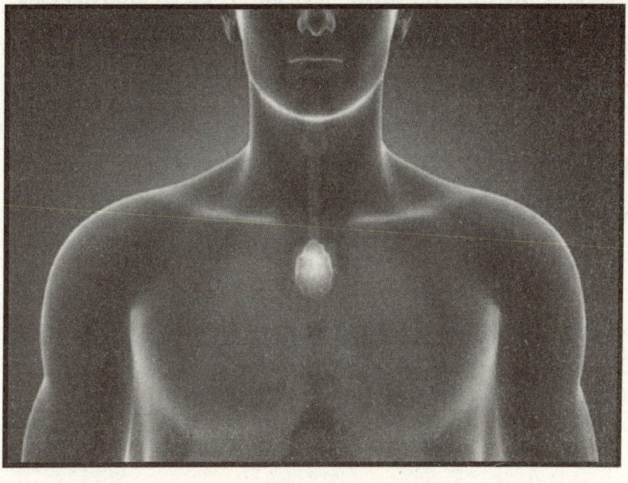

Timüs Bezini Coşturma Ritüeli

Önce ayağa kalkıyoruz ve iki elimizi timüs bezimizin üstüne koyuyoruz. Parmak uçlarımızla yedi kere timüs bezine vururken şu sözleri tekrarlıyoruz: "Haydi timüs bezim coş, haydi timüs bezim coş, haydi timüs bezim coş."

Ve iki elimizi kocaman açıp timüs bezimize bakıyoruz ve son bir kez daha "Haydi timüs bezim coş" diyoruz ve ritüeli tamamlıyoruz.

Not: Timüs bezi iman tahtasının üzerinde, tiroit bezinin altında ve soluk borusunun önünde bulunur.

Parolamız: *"Haydi timüs bezim coş..."*

Sadece Bugün Yataktan Keyifle Kalk

Sabah yataktan nasıl kalktığımız tüm günümüzün nasıl geçeceğini gösterir. Eğer iyi kalkarsak günümüz olumlu geçer, insanlara hoşgörülü davranırız, çevremize sevgi enerjisi yayarız.

Kötü kalktığımızda ise çevremizdeki herkesin her dediği bize batmaya başlar. Kavga çıkarmak için bahaneler ararız. Negatif enerjimizi çevremize ve işlerimize yaymaya başlar daha kötü hale sokarız.

O zaman yataktan kalkıp güne huzurlu başlamak için birkaç ritüel vermenin tam zamanı...

Yataktan Keyifle Kalkma Ritüeli

Bu ritüel için sırasıyla yapılacak adımları yazıyorum:

1) Gözlerini açtığında yeni günün en hayırlı şekilde geçmesi için şu sözleri tekrarla: "Bugünümü onurlandırıyorum ve mutlu olmayı seçiyorum. Hayatıma girecek tüm mucizelere kendimi açıyorum şükürler olsun."

2) Dişlerini fırçalamaya gittiğinde aynanın üzerine üç tane gülümseyen surat etiketi yapıştır ve bu etiketler hep orada kalsın. Dişlerini fırçalarken "Kendimi seviyorum ve hayata gülümsüyorum" de. Ve gülen surat etiketlerine bakıp gülmeye başla. Evet hiç sebepsiz.

3) Mutfağa kahvaltı hazırlamaya gittin. Buzdolabının üzerine üç tane gülen surat etiketi yapıştır ve hep orada kalsın. Buzdolabının önünde "Bugün de karnım doydu çok şükür" de ve gülen suratlara bakıp "Hayatı çok seviyorum" de.

4) Giyinmek için dolabın önüne git ve oraya da üç tane gülen surat etiketi yapıştır, onlar da hep orada kalsın. Dolabın önünde "Tüm kıyafetlerim için şükürler olsun. Hayat beni çok seviyor, hayat beni çok seviyor, hayat beni çok seviyor" de ve güne bu şekilde başla.

Yataktan Keyifsiz Kalktığında Enerjini Dönüştürme (Huzur Bulma) Meditasyonu

Sessiz bir alana geçin ve aşağıdaki adımları takip ederek huzur bulma meditasyonu yapın.

Rahatsız edilmeyeceğiniz bir alana geçtikten sonra mum ya da tütsü (sedir ağacı tütsüsü tavsiye ederim) yakın, sakinleştirici bir müzik koyun ve rahat ettiğiniz bir pozisyonda oturun.

Burnunuzdan nefes alın, nefes verin... Nefes alın, nefes verin. Nefes alın, nefes verin... Her nefes alışınızda içinize sevgiyi, neşeyi, sağlığı ve huzuru çektiğinizi düşünün. Ve her nefes verişinizde içinizdeki öfkeyi, kırgınlığı, üzüntüyü dışarıya verin.

Her nefes alışınızda sevgiyi, neşeyi, sağlığı ve huzuru içinize çektiğinizi düşünün. Ve bu aldığınız duyguları -sevgiyi, neşeyi, sağlığı ve huzuru- içinizde çoğaltın, tüm organlarınızda gezdirin ve dışarı verin.

Şimdi burnunuzdan nefes alırken sevgiyi, neşeyi, sağlığı ve huzuru içinize alın ve nefesinizi verirken kendinizi bu olumlu duygularla çevrelendiğinizi ve sizin bu olumlu duygu balonunda kaldığınızı hayal edin.

Burnunuzdan nefes alın, nefes verin... Nefes alın, nefes verin... Nefes alın ve nefes verin... Ve hazır olduğunuzda yavaş yavaş gözlerinizi açın...

Şifa olsun... Emin olun gününüz harika geçecek...

Parolamız: *"Hayat her şeye rağmen çok keyifli..."*

Sadece Bugün Çok Şanslıyım De

"Her güne hayatının en güzel günü olması için şans ver."

Mark Twain

Biz hayatta kendimizi nasıl kodlarsak, neye inanırsak onu kendimize çekeriz. Şanslı olduğumuza inanırsak şansı kendimize çekeriz. Fakat etrafta "Aman da aman ben çok şanssızım, zaten her şey de benim başıma geliyor!" diye dolaşırsanız evren sizi hiç şaşırtmaz ve her şey sizin başınıza gelir.

Hatta bu durumu anlatan bir araştırmayı sizinle paylaşmak istiyorum:

"Ben şanssızım!"

Yapılan bir araştırmada "Ben şanslıyım" diyen deneklere ve "Ben şanssızım" diyen deneklere aynı gazeteyi okumaları için vermişler. Şanslıyım diyen deneklerin yüzde doksanı "Bu ilanı görenlere şu kadar para ödülü verilecektir" yazısını görmüş ve para ödülünü almış. Şanssızım diyenlerin sadece yüzde beşi bu ilanı görmüş ve para ödülünü almış.

Hayatta başımıza gelenlerin büyük bir kısmı bizim odağımızın ne olduğuyla ilgilidir. O zaman ne yapıyoruz? Bugünden itibaren "Ben şanslıyım" demeye başlıyoruz. Ama "Ben gerçekten şanssızım, ne yapsam değiştiremiyorum" diyenlere tabii ki ritüel ve meditasyon önerilerim olacak.

Bugünden sonra şans sizinle...

Şans Ritüeli 1: Sevdiğiniz bir takıyı avuçlarınızın içine alın (ben bu ritüel için "el Fettah" yazılı bir kolye kullanıyorum) ve kalbinizin üzerine götürerek şu sözleri tekrarlayın: "Seni her taktığımda şansım giderek arttı ve hayatım mucizelerle doldu. Bana bu şekilde hizmet ettiğin için teşekkür ederim." Sonra takınızı üç kere dairesel hareketle (sağdan sola) okşayın. Ve arkasından takınızı takın. Güzelliklerin hayatınıza aktığını göreceksiniz.

Not: Yalnız bu takıya sizden başka kimse dokunmamalı. Eğer dokunan olursa takıyı soğuk suda yıkayın ve yukardaki cümleleri tekrar söyleyin. Takınızı dolunay zamanları da mutlaka soğuk suyun altında tutun.

Şans Ritüeli 2: Evinizde sevdiğiniz bir objeyi avuçlarınızın içine alın ve şöyle deyin: "Seni her gördüğümde evime ve yaşamıma şans akıyor, bana bu şekilde hizmet ettiğin için teşekkür ederim." Ve objeyi her gün görebileceğiniz bir yere koyun. Objeyi her gördüğünüzde içinizden "Ben çok şanslıyım" deyin.

Not: Şans objenizi dolunay zamanları bir gece pencere kenarında tutun ki enerjisi topraklansın.

Şans Ritüeli 3: Sessiz bir ortama geç, rahatça otur ve gözlerini kapat. Burnundan üç kere nefes alıp ver. Ve kendini ormanlık bir yolda yürürken imgele. Sen ormanda yürürken etrafın yemyeşil olduğunun ve ağaçların ne kadar güzel olduklarının farkına var. Sevdiğin bir ağacın altına oturduğunu imgele.

Ve sen ağacın altında otururken eline uğurböceğinin konduğunu hayal et. Uğurböceği sana şans getirmek için geldi. İçinden üç kere "Ben çok şanslıyım, ben çok şanslıyım, ben çok şanslıyım" de.

Tekrar burnundan üç kere nefes al ver ve hazır olduğunda gözlerini yavaş yavaş aç.

Not: Bu meditasyonu kendi sesinle kaydedip istediğin her an dinleyebilir ve her ihtiyaç duyduğunda yapabilirsin.

Şans Ritüeli 4: Kapının dışına sevdiğin bir objeyi as ve her kapıdan içeri girdiğinde "Yaşasın! Evime, hayatıma, bana şans yağıyor..." de.

Parolamız: "*Bana her yerden şans yağıyor. Yaşasın!*"

Sadece Bugün Yaşam Enerjini Yükselt

Şimdiye kadar hep tekrarladığımız her şeyin bir enerji olduğu, her şeyin titreştiği, senin, benim, hepimizin enerji olduğu ve amacımızın enerjimizi yükseltmek olduğudur. O zaman sadece bugün yaşam enerjimizi yükseltmenin tam zamanı.

Yaşam enerjinizi yükseltmek sizi ve yaşadığınız mekânı kapsar. O yüzden mekânınızda yapacağınız değişiklikler otomatik olarak size yansır. Yapacağınız çok basit birkaç şey enerjinizi yukarı çıkarmaya yardım edecek. Haydi buyurun ritüellere...

Yaşam Enerjisini Yükseltme Ritüeli 1: Sabah kalktığın zaman yüzüne gülsuyu sürmek enerjini müthiş artırır. Aynanın karşısına geç ve yüzüne gülsuyu sürerken şu cümleyi üç kez tekrarla: "Yaşam enerjimin artması için, bugün hayatıma mucizeler yağması için neler mümkün?" Arkasından pencerenin yanına git ve birkaç dakika gökyüzüne bak.

Yaşam Enerjisini Yükseltme Ritüeli 2: Gün içinde her ihtiyaç hissettiğinde "Yaşam enerjim!" derken ellerini çırp, "Coş!" derken ellerini havaya kaldır. Bunu üç kez tekrarla.

Yaşam Enerjisini Yükseltme Ritüeli 3: Evden çıkmadan önce "Korunma kalkanlarım çalış, korunma kalkanlarım çalış, korunma kalkanlarım çalış" de ve kendini mavi bir balonun içine aldığını hayal et. Böylece senin yüksek enerjini kimse bozamaz. Bunu gün içinde istediğin kadar tekrarla.

Yaşam Enerjisini Yükseltme Ritüeli 4: Evine taze çiçekler al ve vazoya yerleştirirken üç kez şu cümleyi söyle: "Evimin ve benim yaşam enerjimizin yükselmesini seçiyorum."

Yaşam Enerjisini Yükseltme Ritüeli 5: Sadece bugün dik oturun. Her omuzlarınızın aşağıya doğru düştüğünü fark ettiğinizde kumbaranıza 1 TL atın ve tekrar dik oturun. Biriktirdiğiniz paraları da yetimhaneye bağışlayın.

Yaşam Enerjisini Yükseltme Ritüeli 6: Sadece bugün sokakta önünüze bakarak yürüyün. Bakışlarınız hep karşıda olsun. Böylece enerjiniz yukarıda kalır. Her bakışınızı yere düşürdüğünüzde kumbaranıza 1 TL atın ve onu da yetimhaneye bağışlayın.

Yaşam Enerjisini Yükseltme Ritüeli 7: Evin en çok kullandığınız odasına geçin ve pencereye doğru dönün. Gökyüzüne bakın. İki elinizi avuç uçları tamamen birbirine gelecek şekilde birleştirin. Yedi kez "Haydi yaşam enerjim coş!" derken ellerinizi avuç içleri karşılıklı gelecek şekilde yedi kere çırpın.

Yaşam Enerjisini Yükseltme Ritüeli 8: Evinin kapısına (iç tarafa) çan as ve her sokak kapısını açtığında "Oh yaşasın! İçeriye bolluk, bereket, sağlık, yaşam enerjisi, sevgi girdi. Çok şükür..." de.

Yaşam Enerjisini Yükseltme Ritüeli 9: Yemek yediğiniz ortama büyük bir meyve tabağı içinde yenilebilir mevsim meyvelerini koyun. Oradan alıp yiyin ve bittiğinde tazeleyin. Her mevsim meyvelerini gördüğünüzde "Evimin bereketi, huzuru, enerjisi daim olsun" deyin.

Yaşam Enerjisini Yükseltme Ritüeli 10: Evinizin kapısının dışına canlı çiçek koyun ya da güzel bir tablo asın. Arada bir boyayın. O mekânı da güzel ve temiz tutun. Dış kapınızın önünü haftada bir elma sirkesiyle silin. Böylece kapıyı açtığınızda evinize girecek enerjiyi de temiz tutmuş olursunuz.

Yaşam Enerjisini Yükseltme Ritüeli 11: Evinizin kapısının dışına yunus gibi, kalp gibi size şans getiren süsler asın. Ve her evden içeri girdiğinizde "Benimle beraber içeriye aşk, sağlık, mutluluk, huzur, neşe girdi. Oh be! Çok şükür!" deyin.

Parolamız: *"Haydi yaşam enerjim coş!"*

Sadece Bugün Kendini Sev

"İlkbaharı sev
Yazı sev
Kışı sev
Sonbaharı sev

Yağmuru sev
Güneşi sev
Geceyi sev
Gündüzü sev

Çiçeği sev
Böceği sev
Ama en çok kendini sev."

Anonim

Kendini seversen hayatının bir şarkıya dönüştüğünü fark edeceksin. Güleceksin, eğleneceksin. Sen kendini seversen artık başkaları seni sevsin diye her şeye evet demek ve her istenileni yapmak zorunda kalmayacaksın. Bu da hayatına özgürlük katacak. Kendini tanıma fırsatı verecek. Kendi hayat amacını bulmana olanak sağlayacak.

Kendini Sevme Ritüeli 1: Her sabah kalktığında aynanın karşısına geç, saçlarını okşa, yüzüne gülsuyu sür ve gözlerinin ta içine, en derinine bakarak "İyi ki varsın, sen çok değerlisin ve seni çok seviyorum" de.

Kendini Sevme Ritüeli 2: Her sabah kalktığında aynanın karşısına geç, kendine sarıl ve "Sadece var olduğun için çok değerlisin, ne yaptıysan yaptın, ne olduysa oldu, sen benim başımın tacısın" de.

Kendini Sevme Ritüeli 3: Sessizce oturabileceğin bir odaya geç ve üç tane pembe mum yak (mumların altına mutlaka altlık koy) ve mumların ışığını seyrederken şu sözleri söyle: "Pembe mumların ışığına bakıp gevşiyorum, gevşiyorum, gevşiyorum." Beş dakika bekle (bunu yaparken kısık sesle çalan bir meditasyon müziği dinleyebilirsin).

Gevşediğini hissettiğinde burnundan yedi kere nefes alıp ver. Şu sözleri tekrarla: "Hayatımda her ne olduysa oldu. Ne hata yaptıysam yaptım. Artık kendimi affetmeye ve yoluma devam etmeye niyet ediyorum. Gökyüzünden yağan pembe ışıklar kalbimi yıkıyor, arındırıyor ve şifalandırıyor. Kalbimi tekrar sevgiye açıyorum. Kendimi sevmeye niyet ediyorum. Kendimi çok seviyorum."

Şimdi iki elinle omuzlarına sarıl ve okşamaya başla. "Kendimi seviyorum. Bedenimi seviyorum. Cesurum. Kuvvetliyim ve güçlüyüm" de.

Avuç içlerini öp ve yanaklarına koyarken kendine "Sen benim canımsın" de.

Omuzlarını öp ve "Sen benim bir tanemsin" de.

Gözlerini kapat. Gökyüzünden yağan pembe ışığın kalbine dolduğunu, şifalandığını ve kalbinin kendine karşı sevgiyle dolduğunu hisset.

Hazır olduğunda gözlerini aç ve mumlara kalbini sevgiyle doldurdukları için teşekkür ederek söndür.

Not: Bir sonraki ritüelde aynı mumları kullanabilirsin. Mumlar bittiğinde toprağa gömersin.

Kendini Sevme Ritüeli 4: Her ay kendine küçük bir hediye al.

Parolamız: *"Ben bir taneyim, eşsizim, kıymetliyim..."*

Sadece Bugün Olumlu Konuş

Ağzımızdan çıkan sözler o kadar önemli ki. Kendimiz hakkında ya da başkası hakkında konuştuğumuz her şey gerçeğimiz olur.

"Ben her şeyin üstesinden gelirim" derseniz bir süre sonra buna inanır ve hayatınızda her kapının önünüzde açıldığını görürsünüz. "Ben başarısızım" derseniz olacak iş bile olmaza girer. Yine ve yine tekrarlıyorum. Kendine ve etrafa yaydığın enerji neyse gerçeğin o olur. O yüzden ağzımızdan çıkan sözlere çok ama çok dikkat etmeliyiz.

Olumlu Konuşma Ödevi 1: Hadi şimdi bir ödev vereyim size. Bir gün boyunca kendiniz ve başkaları hakkında olumlu konuşacaksınız. Her olumsuz konuştuğunuzda kavanoza 1 TL atıp tekrar baştan başlayacaksınız. Bakalım kavanozda ne kadar para biriktireceksiniz. Biriktirdiğiniz parayı da size yakın bir hayvan barınağına bağışlarsınız...

Olumlu Konuşma Ödevi 2: Hemen dışarı çıkıp kendine bir defter alıyorsun. Bu senin olumlama defterin olacak ve gün içinde ağzından çıkan olumsuz ifadeleri bu deftere yazacaksın. Gelelim işin en önemli kısmına. Söylediğin olumsuz cümlenin yaydığı enerjiyi değiştirmek için önce o olumsuz enerjiyi serbest bırakıyor, arkasından da olumlu bir cümle yazıyor ve bunu yüksek sesle tekrarlıyorsun.

Diyelim ki "Ben çok şanssızım" dedin ve bunu fark ettin. Hemen olumlama defterini açıyorsun ve şu cümleyi yazıyorsun: "Çok şanssız olduğuma dair tüm fikirlerimi, önyargılarımı, geçmiş yaşam deneyimlerimi serbest bırakıyorum ve şu andan itibaren şanslı olmayı seçiyorum." Ve bu ödevi 21 gün boyunca yapıyorsun. Değişimin muhteşem olacak.

Parolamız:

"Olumlu konuşmalar olumlu deneyimler üretir..."

Sadece Bugün Kendini Olduğun Gibi Kabul Et

"Benim tüm öğretim şudur: Kendini kabul et, kendini sev ve kendini kutla."

Osho

Kendimizi olduğumuz gibi kabul etmeyerek ne kadar büyük bir haksızlık yapıyoruz. Şu koskoca dünyada, şu sekiz milyarlık dünyada eşsiz ve teksiniz. Özelsiniz. Varlığınızı onurlandırmanız gerekiyor.

Duyar gibiyim: "Şunu yaptım, bunu yaptım, bunu söyledim, bunu söylemedim, bedenimin şurası şöyle, burası böyle." İşte ne güzel tüm bu deneyimler ve bedeniniz sizi eşsiz kılıyor.

Bedeniniz bu dünya yaşamını deneyimlemek için size vesile oluyor. Her an bedeninize teşekkür etmeniz gerekiyor. Çok sevdiğim kısa bir hikâye var onu burada sizlerle paylaşmak istiyorum:

Zen Ustası ile Kambur

Bokuju adında bir Zen ustası varmış. Bokuju her şeyin mükemmel ve kusursuz olduğunu sürekli öğrencilerine anlatırmış. Bir gün yaşlı ve kambur olan bir adam ayağa kalkmış "Ya ben?" demiş. "Ben bir kamburum. Bana ne diyorsun?"

Bokuju şöyle demiş:

"Ben hayatım boyunca böyle mükemmel bir kambur görmedim."

Siz var olduğunuz halinizle mükemmelsiniz.

Kendimi Olduğum Gibi Kabul Ediyorum Ritüeli 1: Şimdi sessiz bir odaya geçin ve bir şişe su alın. Şişe suyuna şu cümleleri söyleyin: "Kendimi tüm hatalarımla olduğum gibi kabul ediyorum. Hatalarım öğrenme fırsatıydı. Dersimi aldım ve yoluma neşeyle devam ediyorum. Tüm bedenimi olduğu gibi kabul ediyorum ve seviyorum. Bedenim eşsiz. Ben eşsizim. Ben bir mucizeyim."

Bu hazırladığınız suyu yedi gün boyunca için. Bunu her yeniayda tekrarlayabilirsiniz.

Kendimi Olduğum Gibi Kabul Ediyorum Ritüeli 2: Kendinize sevdiğiniz bir hobiyi (sevdiğin bir kitabı okumak ya da ilgilendiğin bir kursa gitmek de olabilir) yapmak için izin verin.

Parolamız: *"Ben benim..."*

Sadece Bugün Alma-Verme Dengen Seni Mutlu Etsin

Hangi ilişkiyi ele alırsak alalım çok verdiğimizde de çok aldığımızda da o ilişki elimizde patlamaya mahkûmdur. Tabii ki bu işi aldın verdine çevirmeyeceğiz ama yine de bir dengeye oturtmak çok önemlidir. Şimdi size vereceğim ritüelleri uygulamak bu konuda adım atmanıza yardımcı olacaktır.

Eğer çok verici bir insansanız önce ilk ritüelle başlamanızı tavsiye ederim.

Alma-Verme Dengesi Ritüeli 1: Sabah kalktığınızda bir bardak suya şu cümleleri söyleyin: "Ben çok değerliyim ve almayı hak ediyorum. Hayatın ve başkalarının bana sunduğu armağanları sevgiyle kabul ediyor ve teşekkür ediyorum. Evrendeki tüm bolluğu almaya hazır ve açığım. Ve öyle de oldu."

Bunu yedi gün boyunca tekrarlayın.

Eğer çok alıcı bir insansanız ikinci ritüelle başlamanızı tavsiye ederim.

Alma-Verme Dengesi Ritüeli 2: Siz ne kadar verirseniz evrenden de size o kadar güzel dönüşler olacaktır. O yüzden sevginizi, gülümsemenizi, şefkatinizi vermeye başlayın. Arkadaşlarınıza hediyeler götürün. Yemek yediğiniz yerlerde, kuaförde vs. bol bahşiş bırakın. İnsanlara isimleriyle hitap edin ve günaydın deyin.

Alma-Verme Dengesi Ritüeli 3: Bu alıştırmayla bilinçaltınıza almanın ve vermenin akış içinde yapılması gerektiği inancını ekiyoruz.

1) Ayağa kalkın.

2) Sağ elinizi öne doğru iterken (avuç içi karşıya bakıyor) "Hayatımda her şeyi dengeli olarak veriyorum" deyin.

3) Sağ elinizi geri doğru çekerken (avuç içi kendinize bakıyor) "Hayatımda her şeyi dengeli olarak alıyorum" deyin.

4) Sol elinizi öne doğru iterken (avuç içi karşıya bakıyor) "Hayatımda her şeyi dengeli olarak veriyorum" deyin.

5) Sol elinizi geri doğru çekerken (avuç içi kendinize bakıyor) "Hayatımda her şeyi dengeli olarak alıyorum" deyin.

6) İki elinizi öne doğru iterken (avuç içi karşıya bakıyor) "Hayatımda her şeyi dengeli olarak veriyorum" deyin.

7) İki elinizi geri doğru çekerken (avuç içi kendinize bakıyor) "Hayatımda her şeyi dengeli olarak alıyorum" deyin.

Alma-Verme Dengesi Ritüeli 4: Sessiz bir odaya geçin yere rahat olduğunuz bir pozisyonda oturun. Elinizi göbek deliğinizin altına koyun. Nefes alırken "Dünya ana beni besliyor" ve nefes verirken "Ben dünya anayı besliyorum" deyin. Ve bunu on bir defa tekrarlayın. Bu nefeslerin ne kadar düzenli bir şekilde aktığına dikkat edin. Bir alıyorsun bir veriyorsun, bir alıyorsun bir veriyorsun...

Alma-Verme Dengesi Ritüeli 5: Öncelikle size yakın bir arkadaşınızdan size yardım etmesini isteyin. Sırasıyla adımları yazıyorum.

1) Ayakta karşılıklı durun.

2) Ellerinizi birleştirin.

3) Ellerinizi öne doğru iterken "Hayatımda her şeyi dengeli olarak veriyorum" deyin ve ellerinizi geri çekerken "Hayatımda her şeyi dengeli olarak alıyorum" deyin.

Bunu yedi kez tekrarlayın.

Alma-Verme Dengesi Ritüeli 6: Yakın bir arkadaşınla sessiz bir odaya geçin ve sandal ağacı tütsüsü yakın. İkinizin yanına da mavi birer mum yakın. El ele tutuşun ve birbirinizin gözlerinin içine bakın. Önce siz arkadaşınızla ilgili tüm olumlu düşüncelerinizi sırayla söyleyin. En az yedi cümle olacak. Süreniz beş dakika. Sonra da o sizin hakkınızdaki olumlu düşüncelerini söyleyecek. Süre yine beş dakika ve en az yedi cümle. Bu ritüeli her yeniayda tekrarlayacaksınız.

Not 1: Bu çalışmayı birden fazla arkadaşınızla yaparsanız daha iyi olur.

Not 2: Mumu bitene kadar kullanın.

Parolamız:

"Almayı da, vermeyi de,
hayata güzellikler katmayı da hak ediyorum..."

Sadece Bugün Huzurlu ve Derin Uyu

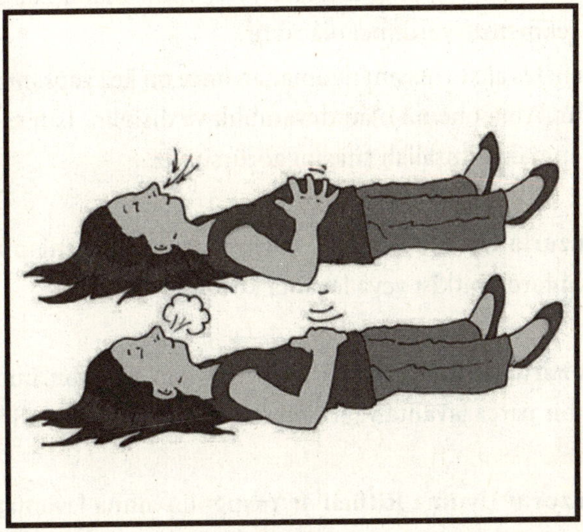

Uyumak, özellikle deliksiz ve derin uyumak sağlık için çok önemlidir. Gün içinde zihnimiz o kadar meşgul oluyor ki uykuya dalmak bazen çok vakit alabiliyor. Üstelik de uykumuz huzursuz ve kesik kesik oluyor. Şimdi sizlere bana inanılmaz faydası olan ve uyumadan önce kullandığım nefes çalışmasını paylaşmak istiyorum.

Huzurlu Uyuma Ritüeli 1: Önce yatağa yatıyorsunuz. Bir elinizi göğsünüzün üzerine (4. çakra) bir elinizi göbek çukurunuzun altına (yani 2. çakraya) yerleştiriyorsunuz.

Burnunuzdan nefes alırken dörde kadar içinizden sayıyorsunuz ve 2. çakra bölgesini şişiriyorsunuz (o bölgeye balon koymuşsunuz da şişiriyormuşsunuz gibi düşünebilirsiniz). Sonra dörde kadar o şekilde nefesinizi tutuyorsunuz. Ve sekize kadar burnunuzdan nefes vererek 2. çakra bölgesini iyice boşaltıyorsunuz (o bölgede doldurduğunuz balonu boşaltıyorsunuz).

Bunu çalışmaya yeni başladığınız dönemlerde özellikle tam uyumadan önce yapmanızı tavsiye ederim. İnanılmaz iyi bir uyku çekmenize yardımcı olacaktır.

Bu nefes alıştırmasını uyumadan önce on kez yapsanız müthiş olur. Ama önemli olan devamlılık ve disiplin. İşin sırrı her gün yapmakta. İnşallah şifasını görürsünüz...

Huzurlu Uyuma Ritüeli 2: Uyumadan önce yastığınızın altına kantaron bitkisi veya lavanta koyabilirsiniz.

Huzurlu Uyuma Ritüeli 3: Uyumadan önce burnunuzun altına bir parça lavanta yağı ya da kantaron yağı sürebilirsiniz.

Huzurlu Uyuma Ritüeli 4: Yastığının altına lavanta, ıhlamur, papatya, kantaron ve çörek otlarından oluşan küçük bir kese koy. Her yeniayda keseyi tazele.

Huzurlu Uyuma Ritüeli 5: Uykunu kaçıran bir sorunun varsa uyumadan önce bir bardak suya şu sözleri söyle: "Allahım bu dertten sana sığınıyorum, sana güveniyorum, seni seviyorum, ne olur bana rüyamda bir çıkış yolu göster, beni feraha çıkar inşallah." Ve sudan üç yudum iç.

Bunu yedi gece tekrarla.

Parolamız: *"Bu da geçer. Uyu..."*

Sadece Bugün Şefkatli Ol

"Şefkatte ve merhamette güneş gibi ol."

Hz. Mevlana

Aslında hayatımızda en acımasız davrandığımız kişi kendimiziz. Kendimize bakışımız, sözlerimiz, yargılarımız o kadar acımasız ki kendimize dost muyuz yoksa düşman mıyız belli değil.

Bu satırları okuduğunuz andan itibaren kendimizin dostu olmaya ve kendimize artık şefkat göstermeye başlayalım. Bunun için bir meditasyon çok iyi gelecektir.

Kendine Şefkat Meditasyonu

Meditasyondan önce yüzünüze gülsuyu sürün ve meditasyon yapacağınız odada üç tane pembe mum yakın. Rahat bir pozisyon alın ve gözlerinizi kapatın. Burnumuzdan nefes alıyoruz ve burnumuzdan nefes veriyoruz. Bunu yedi kere tekrarlıyoruz. İyice gevşediğimizi hissediyoruz.

Anne karnındaki halinize gidin. Annenizin karnında sakin ve rahat bir ortamdasınız. Hayata gelmek için hazırlanıyorsunuz. O doğmamış halinize şefkatle bakın ve bebiş halinizi alnından öptüğünüzü hayal edin.

Doğum anınıza gidin. Güvendiğiniz ve bildiğiniz ortamdan koparıldığınızı düşünün. Kendinizi bu doğum yolculuğunu başarıyla atlattığınız için tebrik edin. Sonra annenizin koynuna verildiğinizi ve yaşamak için gerekli ilk besini doya doya emdiğinizi imgeleyin. "Evet yaşasın!" Hayatta kalmayı başardınız. Bebiş halinizi alnından şefkatle öptüğünüzü hayal edin.

Okul zamanı geldi. Yine bildiğiniz, alıştığınız ve sevdiğiniz bir ortamdan –evinizden–koparıldınız. Bilin bakalım ne oldu?

Yeni yere de uyum sağlamayı, en azından hayatta kalmayı başardınız. Ve bu yeni ortamda hayatta sizi güçlü kılacak tecrübeler edindiniz. Arkadaşlıkları, çekişmeleri, kıskançlıkları ve güzellikleri bir arada yaşadınız. Ve hepsini bir şekilde atlattınız ve ayakta kaldınız. Çocuk halinizin saçını okşayın ve alnından şefkatle öpün.

Âşık oldunuz, sevildiniz, sevdiniz. Bazen karşılıklı oldu, bazen siz birinin peşinden koştunuz. Bazen birisi size abayı yaktı. Yere düştünüz, hem de defalarca yere düştünüz. Ama bir haberim var hepsinde tekrar ayağa kalkmayı becerdiniz. Bazen bir baston gerekti tekrar yürümeniz için ama ayağa kalkmayı becerdiniz. Kendinize hayatta kaldığınız için teşekkür edin. Ve yetişkin halinizin saçını okşayın ve alnından şefkatle öpün.

İşe başladınız. Rekabet, çekişme, emeğinizin çalınması, bazen terfi. Her durumu gördünüz, yaşadınız. Üzüldünüz, kırıldınız, bazen de sevindiniz. Yeni dostlar ve çekiştiğiniz insanlar girdi hayatınıza. Ama hepsi de size bir şey öğretmek için girdi. Ve siz yine ayakta kalmayı başardınız. Yaşamaya devam etmeyi başardınız. Yola bir şekilde devam etmeyi başardınız. Yetişkin halinizin saçını okşayın ve alnından şefkatle öpün.

Evlendiniz, çok mutluydunuz. Çocuğunuz oldu, mutluluğunuz daha da arttı. Gün geldi eşinizle birbirinize öğreteceklerinizi bitti, yollarınız ayrıldı. Belki çocuğunuzla bir başınıza kaldınız. Nasıl büyüteceğinizi, nasıl geçineceğinizi bilemediniz. Günlerce ağladınız, çaresizlik içinde kaldınız. Etrafınızın eleştirilerini dinlediniz. Yine de yola devam etmeyi başardınız. Öğreneceklerinizi öğrendiniz ve yola devam etmeyi başardınız. Çünkü siz bir yola devam edensiniz. Çünkü siz güçlüsünüz. Yetişkin halinizin saçını okşayın ve alnından şefkatle öpün.

Bazı dönemler işsiz kaldınız, parasız kaldınız. Ama yine de yola devam etmeyi becerdiniz. Her zaman ayakta kalmayı becerdiniz. Yetişkin halinizin saçını okşayın ve alnından şefkatle öpün.

Şimdi bugünkü halinize gelelim. "Şu oldu, bu oldu" diyen, yaptığı ya da yapmadığı şeylerin pişmanlığını taşıyan, yaşam enerjisi düşük biri haline dönüşmüşsünüz. Hemen silkinin. "Hemen silkinin!" Hemen silkinin. Bugüne kadarki yaşam yolunuzda elinizden gelenin en iyisini yaptınız. Elbette hatalarınız oldu, bunlardan dersler çıkardınız ve tekrar etmemeyi öğrendiniz. Hayatta ve ayakta kalmayı becerdiniz. Şimdi kendinize sıkı sıkı sarılın ve şu sözleri tekrar edin: "Seni gerçekten çok seviyorum. Her şeyin en iyisini hak ettiğine inanıyorum. Sana büyük bir saygı ve şefkat duyuyorum. Elinden gelenin en iyisini yaptığını ve yapmaya devam edeceğini biliyorum. Sana güveniyorum. *Her şeyi atlatacağını ve yaşama sıkıca bağlanacağını biliyorum.*"

Şimdiye kadar gözünüzün önüne gelen tüm hallerinizi kucakladığınızı hayal edin. Evet hepsini sıkı sıkı kucakladığınızı hayal edin ve her halinizin tek tek saçını okşayıp şefkatle alnından öpün. Şu anki halinize de sıkı sıkı sarılın ve kendinize "Sana şefkat duyuyorum, seni gerçekten çok seviyorum, iyi ki varsın" deyin. Gökyüzünden akan pembe şefkat ışığıyla tüm yaralarınızın, kırgınlıklarınızın, acılarınızın dönüştürüldüğünü ve koşulsuz sevgiyle yıkandığınızı imgeleyin. Beş dakika bu pembe şefkat ışığında yıkandığınızı imgeleyin ve hazır olduğunuzda yavaş yavaş gözlerinizi açın. Mumları söndürün.

Bu meditasyonu yedi gün boyunca tekrar edin.

Parolamız: *"Elinden gelenin en iyisini yap."*

Not: Meditasyonu kendi sesinizle kaydedin ve dinleyerek meditasyonu yapın.

Başkasına Şefkat Meditasyonu

Sizi üzen, canınızı sıkan, henüz atlatamadığınız bir olaya sebep olan kişiyi belirleyin. Şimdi onunla ilgili bir şefkat meditasyonu yapacağız. Bunun için sessiz bir odaya geçin ve üç tane yeşil mum yakın. Odaya bir kese içinde lavanta koyun. Rahat bir pozisyon alın ve gözlerinizi kapatın. Burnumuzdan nefes alıyoruz ve burnumuzdan nefes veriyoruz. Bunu yedi kere tekrarlıyoruz. İyice gevşediğinizi hissediyorsunuz.

Sizi kıran kişinin bebek halini gözlerimizin önüne getiriyoruz. Annesi tarafından sevildiği, beslendiği o bebiş halini imgeliyoruz. Henüz dünyaya gözlerini açtığı, onun da daha incinmediği o tatlı bebiş halini imgeliyoruz. Sonra büyürken onun da bu hale gelmesine sebep olan hangi deneyimleri yaşadığını canlandırmaya başlıyoruz.

Okulda itilip kakıldığını, sevgilisi tarafından terk edildiğini, bir aile büyüğünü hastalık sonucu kaybettiğini, azarlandığını, aşağılandığını, işini kaybettiğini, ihanete uğradığını ve hayata karşı ve insanlara karşı nasıl güvensizleştiğini imgeliyoruz. Yaralı kalbini, acı çeken kalbini görüyoruz. İncinmemek için etrafa ördüğü görünmez duvarları imgeliyoruz. Hastalık korkusunu, aldatılma korkusunu, terk edilme ve acı çekme korkusunu hissediyoruz.

Ve onun yaralı kalbine yeşil ışığın yağdığını imgelemeye başlıyoruz. Yaralarına yeşil ışık inerken ona şefkatle bakıp "Beni incittin, çok üzdün, çok kırdın ama şu an biliyorum ki aslında sen de sadece yaralı bir insanmışsın. Elinden gelenin en iyisi sadece bu kadarmış" derken kendi yaralı kalbimize de ayrı bir yeşil tedavi ışığının indiğini imgeliyoruz.

Her ikimizin de yaralarına yeşil ışık yağarken el ele tutuştuğumuzu imgeliyoruz ve karşılıklı olarak birbirimize şefkatle bakıyoruz. "Beraber büyüdük, derslerimizi aldık ve elimizden gelenin en iyisini yaptık. Hem kendimi hem seni affediyor ve artık yoluma devam ediyorum. Yoluma devam ediyorum. Yoluma devam ediyorum" deyin.

Elleriniz ayrılsın ve yeşil ışık akmaya devam ederken kişiyi sevgiyle uğurluyorsunuz. Ve yeşil şifa enerjisinin altında bir süre daha oturmaya devam edip hazır olduğunuzda gözlerinizi açıyorsunuz. Mumları söndürüyorsunuz. Odaya koyduğunuz lavanta kesesiyle meditasyon yaptığınız süre boyunca uyuyorsunuz, sonra toprağa saçıyorsunuz.

Not 1: Bu meditasyonu kırgın olduğunuz her bir kişi için yedi gün boyunca tekrar edin. Her yaptığınız kişi için ayrı bir lavanta kesesi hazırlayın.

Not 2: Meditasyonu kendi sesinizle kaydedin ve dinleyerek meditasyonu yapın.

Dünyaya Şefkat Meditasyonu

Meditasyondan önce meditasyon yapacağınız odada üç tane beyaz mum yakın. Rahat bir pozisyon alın ve gözlerinizi kapatın. Burnumuzdan nefes alıyoruz ve burnumuzdan nefes veriyoruz. Bunu yedi kere tekrarlıyoruz. İyice gevşediğimizi hissediyoruz.

Dünya anaya bize sunduğu tüm güzellikler için teşekkür ediyoruz. Meyve veren ağaçları, denizleri, dağları, ırmakları hayal ediyoruz. Dünyanın güzellikleri karşısında tekrar etkileniyoruz.

Sonra dünyada veya ülkemizde açlık ve yoksulluk olan bir bölgeyi düşünüyoruz. O bölgeye ve orada yaşayan çocuklara, kadınlara ve erkeklere şefkatle bakıyoruz. Hem kendi üstümüze hem onların üstüne beyaz şifa enerjisinin yağdığını imgeliyoruz. Hem onların (o bölgenin) hem de bizim yavaş yavaş şifalandığımızı hissediyoruz. Bölgedeki insanların yüzünün tekrar gülmeye başladığını, karınlarının doyduğunu, iyi koşullarda barındıklarını, ihtiyaç duydukları tedaviye kavuştuklarını imgeliyoruz.

Beyaz şifa enerjisinin o bölgedeki insanları ve bizim kalbimizi mutlulukla doldurduğunu imgeliyoruz. Yavaş yavaş beyaz ışık kesiliyor. Biz de gözlerimiz kapalı biraz daha oturuyoruz ve hazır olduğumuzda gözlerimizi yavaş yavaş açıyoruz. Ve ihtiyacı olan bir yetimhaneye ya da başka bir kuruma bağışta bulunuyoruz.

Parolamız:

"Şefkatli ol. Karşılaştığın herkes zor bir mücadele veriyor..."

Sadece Bugün Hipofiz ve Epifiz Bezini Coştur

Hipofiz ve epifiz bezlerimiz psişik gelişmemizin hayati parçalarıdır. Ayrıca sağlıklı olmamıza yardımcıdırlar. Büyüme, gelişme, günlük fiziksel aktivitelerimiz ve uyku gibi tüm yaşamsal fonksiyonlarımızdan da sorumludurlar. O yüzden düzenli çalışmaları çok önemlidir.

Hipofiz ve Epifiz Bezini Coşturma Ritüeli 1: Önce ayağa kalkıyoruz ve iki elimizi hızlıca birbirine sürtüyoruz. Arkasından bir elimizin avuç içini iki kaşın arasına gelecek şekilde, diğer elimizin avuç içini de kafanın arkasına gelecek şekilde tutuyoruz. Bir dakika kadar bu şekilde bekledikten sonra aynı bölgelere parmak uçlarımızla yedi kere vurarak şu sözleri tekrarlıyoruz: "Haydi hipofiz ve epifiz bezim coş, haydi epifiz ve hipofiz bezim coş, haydi epifiz ve hipofiz bezim coş!"

Ve iki elimizi kocaman açıp karşıya bakıyoruz ve son bir kez daha "Haydi epifiz ve hipofiz bezim coş!" diyoruz ve ritüeli tamamlıyoruz.

Hipofiz ve Epifiz Bezini Coşturma Ritüeli 2: Yakın bir arkadaşınızla ayakta karşı karşıya durun ve el ele tutuşun. Önce siz onu alnından öpün ve öperken "Haydi epifiz ve hipofiz bezin coş!" deyin.

Sonra o sizi alnınızdan öpsün ve öperken "Haydi epifiz ve hipofiz bezin coş!" desin.

Not: Bunu aklınıza geldikçe tekrarlayın.

Parolamız:
"Haydi epifiz ve hipofiz bezim, coş, coş, coş!"

Sadece Bugün Seni Destekleyenlerin Sesini Duy

"Her şey üstüne gelip, seni dayanamayacağın bir noktaya getirdiğinde sakın vazgeçme, işte orası kaderinin değişeceği noktadır."

Hz. Mevlana

Yeni bir şey yapmak istediğinizde bunu sevinçle, heyecan ve coşkuyla çevrenizdeki insanlarla paylaştığınız ve onlardan gelen olumsuz yorumlar sonrası daha başlamadan vazgeçtiğiniz çok olmuştur. Ve de ne yazık olmuştur. Şimdi sizinle çok sevdiğim bir hikâyeyi paylaşacağım, sonra da konuya devam edeceğim.

Kurbağaların Yarışı

Kurbağalar kendi aralarında bir yarış düzenlemişler. Ortaya yüksek ve geniş bir tahta engel konulmuş, amaç bu engeli sıçrayarak karşı tarafa geçmekmiş. Geçenler ödül alacakmış. Arenanın her iki yakasına dizilen diğer kurbağalar da yarışmacılar lehine/aleyhine tezahürat yapmaya başlamışlar. Ancak çoğunluğun görüşü "*Ya, bu kadar da yüksek engel olur mu? Arkadaşlar bu engeli hayatta aşamazlar!*" imiş. Kimileri de bu görüşe gülüp geçmiş.

Neyse... Start düdüğüyle birlikte yarış başlamış. Kurbağalar var güçleriyle engeli aşıp karşı tarafa geçmek için en maharetli sıçrayışlarını yapmışlar. Bir yandan da tribünlerden "*Geçemezsiniz, çok zor, imkânsız, bu kadar da engelli yarış olur mu?*" türünden moral bozucu tezahüratlar sürüyormuş. Gerçekten de kurbağaların çevredeki olumsuz bağrışmalardan da etkilenerek moralleri bozulmuş ve yorgun, bitap düşmüşler. *Yarışı bırakmışlar.*

Fakat o da ne? *Kurbağalardan biri engeli aşmak için olağanüstü çabasını sürdürüyormuş.* Olumsuz tezahüratlar bu kez bu tek kurbağanın üzerinde yoğunlaşmış. Ama nafile. *Bu kurbağa defalarca deneyerek, yorulma usanma bilmeyerek uğraşmış ve sonunda karşı tarafa geçmeyi başarmış.*

Bu anda arenada müthiş bir sessizlik olmuş. Bu kurbağa nasıl oldu da engeli aşabildi? *Araştırmalar sonunda anlaşılmış ki yarışı kazanan kurbağa sağırmış.* Sağır olduğu için de çevreden gelen "*Geçemezsin, mümkün değil!*" türünden bağrışmaları duymamış ve sonuna kadar yarışmayı sürdürmüş. *Ve başarmış...*

Hikâyede de okuduğunuz üzere eğer kendimizi çevreden gelen olumsuz seslere, yapamazsınlara, başaramazsınlara kaptırırsak bulunduğumuz yerden bir adım ileriye gidemeyiz. O yüzden ya sağır olup bu tarz yorumlara kulak asmadan yolunuza devam edeceksiniz ya da projenizi gerçekleştirmeden kimseye bahsetmeyeceksiniz. Veya sadece sizi destekleyenlere anlatıp onların sesini duyacaksınız. Sizi destekleyen seslere ve insanlara odaklanacaksınız.

Not: Önemli olan sizin kendinize inanmanız ve güvenmenizdir. Kendinizi onaylamanızdır. Kimsenin desteğine ve yorumlarına ihtiyacınız yok. İlla ki başkalarının da fikrini istiyorum diyorsanız sizi destekleyenlere odaklanın.

Parolamız: *"Sen yaparsın..."*

Sadece Bugün İçindeki Çocuğu Mutlu Et

"İçindeki çocuk hiç ölmez
Çocuk hep oradadır
Deneyimlerle sarmalanır
Ergenlikle sarmalanır
Sonra gençlik
Sonra orta yaş ve yaşlılık ama çocuk hep oradadır."

Osho

Büyüdükçe, okullarda okudukça, evlenip çoluk çocuğa karıştıkça, işyerinde çalıştıkça, faturaları nasıl ödeyeceğiz diye düşündükçe yavaş yavaş içimizdeki çocukla bağımızı koparmaya hatta onu hiç hatırlamamaya başlıyoruz.

Halbuki o bizim neşemizin, gücümüzün, hayat pınarımızın kaynağı. O zaman ne yapıyoruz? İçimizdeki çocukla tekrar bağ kurmak için bir meditasyon yapıyoruz.

İçinizdeki Çocukla Bağ Kurma Meditasyonu

Öncelikle meditasyon yapacağınız odaya bir bardak su götürüyorsunuz ve içine de beyaz kuvars bir kolye koyuyorsunuz. Sandal ağacı tütsünüzü (sevdiğiniz başka bir tütsü de olabilir) yakıp rahat bir pozisyonda oturuyorsunuz. Burnunuzdan yavaşça yedi kere nefes alıp veriyorsunuz ve iyice gevşediğinizi hissediyorsunuz.

Şimdi çocukluk halinizi imgeliyorsunuz. İstediğiniz herhangi bir yaştaki halinizi imgeleyebilirsiniz. Şimdi o çocuğa sarılıyorsunuz ve "Ben her zaman yanındayım, her zaman güvendesin, kendini istediğin gibi ifade edebilirsin, cesur ol, merak etme hayatta her zaman başarılı olacaksın, seveceksin ve sevileceksin, bolluk ve bereket içinde huzur ve mutlulukla yaşayacaksın" deyin.

Hayalinizde en az on dakika kendinizin çocukluk haline sarılı kalın. Ve çocukluk halinizin size gülümsemeye başladığını hissettiğinizde sarılmayı bırakın. Kendinizi hazır hissettiğinizde gözlerinizi açın ve sudaki kristal kuvars kolyeyi boynunuza takın. Kolyeyi yedi gün boyunca takın ve kolye her aklınıza geldiğinde çocukluktaki halinizin size gülümsediğini hayal edin.

Not 1: Meditasyondaki sözleri kaydedin ve meditasyonu o şekilde yapın.

Not 2: Bu çalışmayı sık sık tekrarlayın.

İçinizdeki Çocuğu Mutlu Etme Ritüeli

Çocukluğunuzda içinizde kalan gitmediğiniz bir yer, yemediğiniz bir yemek, alınmamış bir oyuncak varsa hemen şimdi bu durumu telafi edin. O yemeği ya da o dondurmayı yiyin, o ayakkabıyı alın, o oyuncağı alın. İçinizin mutlulukla dolup taştığını fark edeceksiniz.

Parolamız:

"İçimdeki çocuğu seviyorum. O benim canım..."

Sadece Bugün Bir Mucizedir

Sadece bugün değil her an, nefes aldığımız her an bir mucizedir. Ne yazık ki insanoğlu olarak bunu unutuyoruz. Dertler, sıkıntılar, beklentiler ruhumuzu yorarken mucize olduğumuzu ve yaşadığımız bugünün de bir mucize olduğunu unutuyoruz.

Şimdi size vereceğim bu ritüelle günümüzü tekrar mucizelere açacağız ve ruhumuzu onurlandıracağız.

Bugün Bir Mucizedir Ritüeli

Malzemeler

Bir bardak

Uğurböceği ve gülen yüz etiketi

Bal

Yapılışı

Öncelikle bardağın istediğiniz yerlerine uğurböceği ve gülen yüz etiketlerini yapıştırın.

Kahvaltıdan önce bardağa su koyun ve şu sözleri tekrarlayın: "Bugünün mucizelerle dolu bir gün olmasını seçiyorum. Bugünün hayatıma şans, mutluluk, bolluk, bereket getirmesini seçiyorum. Bugünün hayatıma sağlık, huzur ve aşk getirmesini seçiyorum ve öyle de oldu çok şükür. Bugün her türlü işimin rast gitmesini ve işlerimin kolaylıkla yoluna girmesini seçiyorum ve öyle de oldu çok şükür."

Suya yarım kaşık bal ekleyin ve için.

Akşam yemeğinden sonra uğurböceği ve gülen yüz etiketleriyle süslediğiniz bardağınıza su doldurun ve yanınıza alın.

Bardaktaki suya şu sözleri fısıldayın: "Yarının mucizelerle dolu bir gün olmasını seçiyorum. Yarının hayatıma şans, mutluluk, bolluk, bereket getirmesini seçiyorum. Yarının hayatıma sağlık, huzur ve aşk getirmesini seçiyorum. Yarının hayatıma kolaylıklar getirmesini seçiyorum ve öyle de oldu çok şükür."

Yatmadan önce dilediğiniz bir zaman suyu için.

Anlar

"Eğer yeniden başlayabilseydim yaşamaya
İkincisinde daha çok hata yapardım.
Kusursuz olmaya çalışmaz sırtüstü yatardım.
Neşeli olurdum, ilkinde olmadığım kadar
Çok az şeyi
Ciddiyetle yapardım.
Temizlik sorun bile olmazdı asla.
Daha çok riske girerdim.
Seyahat ederdim daha fazla.

→

Daha çok güneş doğuşu izler
Daha çok dağa tırmanır, daha çok nehirde yüzerdim.
Görmediğim birçok yere giderdim.
Dondurma yerdim doyasıya ve daha az bezelye.
Gerçek sorunlarım olurdu hayali olanların yerine.
Yaşamın her anını gerçek
ve verimli kılan insanlardandım.
Yeniden başlayabilseydim eğer,
yalnız mutlu anlarım olurdu.
Farkında mısınız bilmem, yaşam budur zaten.
Anlar, sadece anlar.
Siz de anı yaşayın.
Hiçbir yere yanında su, şemsiye ve paraşüt almadan
Gitmeyen insanlardandım ben.
Yeniden başlayabilseydim eğer, hiçbir şey taşımazdım.
Eğer yeniden başlayabilseydim
İlkbaharda pabuçlarımı fırlatır atardım.
Ve sonbahar bitene kadar yürürdüm çıplak ayaklarla.
Bilinmeyen yollar keşfeder, güneşin tadına varır
Çocuklarla oynardım, bir şansım olsaydı eğer.
Ama işte 85'indeyim ve biliyorum...
ÖLÜYORUM..."
Jorge Luis Borges

3. BÖLÜM:
BEDENİMİZDEKİ ENERJİ MERKEZLERİ ÇAKRALAR

Enerjileri bu kadar anlattıktan sonra bedenimizdeki enerji merkezlerini anlatmamak olmaz deyip, kitaba bu bölümü de eklemeye karar verdim.

Yaklaşık on beş sene önce ilk aldığım eğitimlerden biri Reiki'ydi. Tabii o zamanlar şimdiki gibi kaynak yok, internet yok, Reiki hocası ise tek tük. İki damla bilgi bulmak için yırtınırdık. Şimdi de tam tersi her yer bilgi ve kurs dolu.

Bana sürekli sorulan bir soru da "Hangi yolu izleyelim?" sorusu. Seminerlerime gelenlere verdiğim cevabı burada da tekrar etmek istiyorum. Her zaman doğru bilgiye ve eğitime ulaşmanın tek yolu olduğuna inanırım: Kalbinize sormak. Kalbinize sorun: "Bu eğitim benim için iyi mi, bu hoca benim için iyi mi, bu bilgi benim için iyi mi?" Eğer kendinizi iyi hissederseniz, kalbiniz iyi hissederse yola devam edin. Yoksa hiç oralarda durmayın.

On beş sene önce Reiki masterimden çakraları ve enerji merkezlerini dinlediğim zaman çok etkilenmiş ve "İşte benim yolum bu, kendime ve insanlığa yardım etmek, şifa dağıtmak" demiştim. Gerçi sonra hayat beni bambaşka yerlere götürdü. Reiki eğitimimden yıllar yıllar sonra şifa seminerleri vermeye başladım ama ne demişler: "Su akar yolunu bulur." Ben de nihayet hayat amacımı gerçekleştirmeye başladım. Bundan dolayı da büyük bir mutluluk ve huzur duyuyorum.

Sizlere bu bölümde seminerlerimde anlattığım kadar detaylı çakra bilgisi vermeyeceğim. Ama konuyu anlayabileceğiniz, çakraları tanıyabileceğiniz ve onların tıkanıklıklarını açmaya yarayacak kadar da yardımcı olmaya çalışacağım.

Aslında bedenimizde iki yüzden fazla çakra merkezi var. Ama yedi tane ana çakramız bulunmaktadır. Ve ben burada yedi ana çakrayı elimden geldiğince anlatmaya çalışacağım. Bu arada "çakra çakra" diyoruz da "Çakra nedir?" diyenlere şunu söyleyebilirim: Çakra kelime anlamıyla "dönen tekerlekler" yani bedenimizdeki dönen enerji merkezleri anlamına gelmektedir. "Reiki nedir?" diyenlere de "Reiki sevgi ve şifa enerjisidir" diyebilirim.

Her çakranın kendi dönüş hızı ve yönü vardır ve sistem kusursuz bir şekilde çalışmaktadır. Fakat biz duygu ve düşüncelerimizle, endişe ve korkularımızla çakraların dönüş hızını bozarız. Yani çakralarda blokajlar meydana getiririz. Bu da hastalığa sebep olur. Yani duygu ve düşüncelerimiz hastalanmamızın sebebidir. Çakraları iyileştirmek için Reiki, meditasyon, yoga gibi çalışmalardan faydalanabilir, aynı zamanda olumsuz düşüncelerimizi değiştirmek için de "olumlamalar" yapabiliriz.

Ve tabii ki bu kitaptaki ödevler, ritüeller, meditasyonlar da çakralarınızın "şifalanmasına" ve blokajların açılmasına yardımcı olacaktır.

Not: "Hangi duygu ve düşünceler hangi organımı hasta yapıyor?" diye merak ediyorsanız *Tüm Hastalıkların Zihinsel Sebepleri* (Louise L. Hay) kitabını almanızı tavsiye ederim.

Parolamız: *"Sevgi her şeyin ilacıdır..."*

Çakralar Hakkında

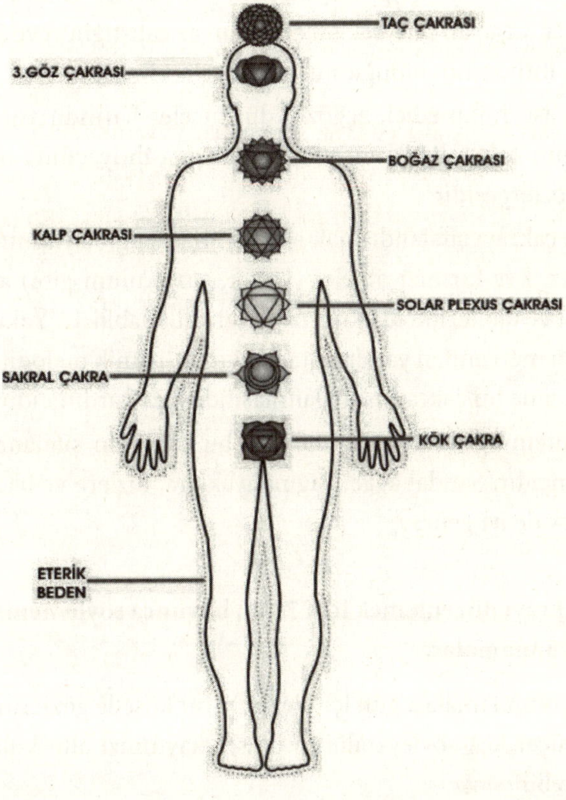

1. Çakra: Kök Çakra

İlk çakra böbreküstü bezleriyle ilişkilidir. Kök çakra dünyayla bağlantımızı simgeler. Canlı, sağlıklı, dinamik, kendine ve hayata güvenen insanlarsak çakramızın düzenli çalıştığını söyleyebiliriz.

İşle ilgili, parayla ilgili sıkıntılarımız varsa kök çakradaki tıkanıklıkları şifalandırmamız gerekmektedir. Sırt, omurga ve bacaklardaki ağrılar, kansızlık, kemik erimesi gibi sağlık sorunlarımız kök çakranın şifalanma ihtiyacının göstergeleridir.

Güvensiz, ayağı yere basmayan, amacına ulaşamayan, sevilmeye layık olmadığı düşüncesini barındıran ve terk edilme korkusu yaşayan biriysek bu çakranın az çalıştığının ve şifalandırma ihtiyacının olduğunun göstergeleridir.

Egoist, hükmedici, açgözlü düşünceler barındırıyorsak bu çakranın çok çalıştığının ve şifalandırma ihtiyacında olduğunun göstergesidir.

Bu çakrayı şifalandırmak için kırmızı rengi hayatımıza katmalıyız. Eve kırmızı objeler (yastık, vazo, mum gibi) alabilir, kıyafet ve takılarımızda kırmızı rengi kullanabiliriz. Yakut veya kırmızı mercandan yapılmış takı takmak, ritmik melodiler dinlemek yine bu çakranın şifalanmasında bize yardımcıdır.

Protein ağırlıklı beslenmek de bu çakranın şifalanmasına yardımcıdır. Sandal ağacı yağını ayaklara, dizlere ve bacaklara sürmek de iyi gelir.

Çakrayı düzenlemek için 7 gün boyunca söylemeniz gereken olumlamalar:

Bu olumlamaları gün içinde sakin bir köşede gözlerinizi kapatıp üçer kez söyleyebilir ya da ses kaydınızı alıp kulaklıkla dinleyebilirsiniz:

"Yaşamayı seviyorum
Dünyayı seviyorum
Bedenimi seviyorum
Geleceğe güvenle bakıyorum
Bütün ihtiyaçlarım anında karşılanıyor
Hayat beni destekliyor
Hayattan keyif alıyorum
Yeterliyim
Hayatın akışına güveniyorum."

2. Çakra: Sakral Çakra

İkinci çakra kadınlarda yumurtalıklarla erkeklerde prostat beziyle ilişkilidir. Sakral çakra yaratıcılığımızı simgeler. Başkalarıyla ilişkilerimiz sağlıklı, dengeli, düşünceli ve yaratıcıysa çakramızın düzenli çalıştığını söyleyebiliriz.

Bağırsaklar, mesane, cinsel organlar, rahimle ilgili sağlık sorunlarımız sakral çakranın şifalanma ihtiyacının göstergeleridir.

Kendine güvensiz, utangaç, değersiz, suçluluk duygusu içinde ve hüzünlü bir yapı bu çakranın az çalıştığının ve şifalandırma ihtiyacında olduğunun göstergeleridir.

Saldırgan, hırslı, çabuk öfkelenen yapıyı barındırıyorsak bu çakranın çok çalıştığının ve şifalandırma ihtiyacında olduğunun göstergesidir.

Bu çakrayı şifalandırmak için turuncu rengi hayatımıza katmalıyız. Eve turuncu objeler (yastık, vazo, mum gibi) alabilir, kıyafet ve takılarımızda turuncu rengi kullanabiliriz. Turuncu kalsit, ay taşı veya sarı sitrinden yapılmış takı takmak, akıcı ve kıvrak (halk müziği) melodiler dinlemek yine bu çakranın şifalanmasında bize yardımcıdır.

Yasemin ve tarçın yağını ikinci çakranın (göbek deliğinin altındaki bölge) üzerinde sağdan sola sürmek de iyi gelir. Bol sıvı almak yine bu çakranın şifalanmasına yardımcıdır.

Çakrayı düzenlemek için 7 gün boyunca söylemeniz gereken olumlamalar:

Bu olumlamaları gün içinde sakin bir köşede gözlerinizi kapatıp üçer kez söyleyebilir ya da ses kaydınızı alıp kulaklıkla dinleyebilirsiniz:

"Neşeli ve hayat doluyum
Bedenim canlı ve sağlıklı
Yaşam sevinciyle doluyum
Yaratıcılığım arttı
Cinselliğimi kabul ediyorum
Cinselliğimi yaşamak benim hakkım ve sorumluluğum
Cinselliğimi yaşamak beni mutlu ediyor
Kendimi seviyor ve olduğum gibi kabul ediyorum
Hayat beni her an destekliyor."

3. Çakra: Solar Pleksus Çakra

Üçüncü çakra pankreasla ilişkilidir. Solar pleksus çakra değişim ve hareketi simgeler. Başkalarıyla ilişkilerimiz dürüst, neşeli, saygılı, becerikliyse çakramızın düzenli çalıştığını söyleyebiliriz.

Karaciğer, pankreas, incebağırsaklardaki sağlık sorunlarımız solar pleksus çakrasının şifalanma ihtiyacının göstergeleridir.

Depresif, güvensiz, şüpheci, kıskanç bir yapı bu çakranın az çalıştığının ve şifalandırma ihtiyacında olduğunun göstergeleridir.

Yargılayıcı, mükemmeliyetçi, reddedilme korkusu olan yapıyı barındırıyorsak bu çakranın çok çalıştığının ve şifalandırma ihtiyacında olduğunun göstergesidir.

Bu çakrayı şifalandırmak için sarı rengi hayatımıza katmalıyız. Eve sarı objeler (yastık, vazo, mum gibi) alabilir, kıyafet ve takılarımızda sarı rengi kullanabiliriz. Sarı sitrin, amber, kaplan gözünden yapılmış takı takmak, ilahiler ve dualar yine bu çakranın şifalanmasında bize yardımcıdır.

Melisa ve kekik yağını üçüncü çakranın (göbek deliğinin üstündeki bölge) üzerinde sağdan sola doğru sürmek de iyi gelir. Karbonhidrat ağırlıklı beslenmek yine bu çakranın şifalanmasına yardımcıdır.

Çakrayı düzenlemek için 7 gün boyunca söylemeniz gereken olumlamalar:

Bu olumlamaları gün içinde sakin bir köşede gözlerinizi kapatıp üçer kez söyleyebilir ya da ses kaydınızı alıp kulaklıkla dinleyebilirsiniz:

"Ben güçlüyüm
Ben dengeli ve uyum içindeyim
Geçmişi huzurla serbest bırakmayı seçiyorum
Kendimi olduğum gibi kabul ediyorum
Hayatımda her şey yolunda
Tüm deneyimlerime teşekkür ediyorum
Bolluk ve bereket içinde yaşıyorum."

4. Çakra: Kalp Çakrası

Dördüncü çakra timüs beziyle ilişkilidir. Kalp çakrası maddesel dünya ile ruhani dünya arasındaki köprüdür. Arkadaş canlısı, şefkatli ve destekleyiciysek çakramızın düzenli çalıştığını söyleyebiliriz.

Kalp, göğüs, akciğer, dolaşım sisteminde sağlık sorunlarımız kalp çakrasının şifalanma ihtiyacının göstergeleridir.

Üzülmekten korkan, kendine acıyan, kararsız bir yapı bu çakranın az çalıştığının ve şifalandırma ihtiyacında olduğunun göstergeleridir.

Abartan, panik, depresif, talepkâr bir yapıyı barındırıyorsak bu çakranın çok çalıştığının ve şifalandırma ihtiyacında olduğunun göstergesidir.

Bu çakrayı şifalandırmak için yeşil ve pembe rengi hayatımıza katmalıyız. Eve yeşil ve pembe objeler (yastık, vazo, mum gibi) alabilir, kıyafet ve takılarımızda yeşil ve pembe rengi kullanabiliriz. Yeşim, zümrüt ve pembe kuvarstan yapılmış takı takmak, klasik müzik dinlemek yine bu çakranın şifalanmasında bize yardımcıdır.

Gül, melisa, lavanta özellikle sakinleştirici etkisi olduğundan kalp ve alın üzerine elle sürülür. Yeşil yapraklı sebze ve meyve ağırlıklı beslenmek yine bu çakranın şifalanmasında bize yardımcıdır.

Çakrayı düzenlemek için 7 gün boyunca söylemeniz gereken olumlamalar:

Bu olumlamaları gün içinde sakin bir köşede gözlerinizi kapatıp üçer kez söyleyebilir ya da ses kaydınızı alıp kulaklıkla dinleyebilirsiniz:

"Kendimi hayatın getirdiklerine ve yeniliklere açıyorum
Hayata güveniyorum
Koşulsuz sevgi içimi dolduruyor
Kendimle ve dünyayla barış içindeyim
Bütün duygularımı seviyor ve kabul ediyorum
Sorumlulukları yeteri kadar üstleniyorum
Bağışıklık sistemim çok güçlü
İnsanlara karşı anlayışlıyım."

5. Çakra: Boğaz Çakrası

Beşinci çakra tiroit ve paratiroit bezleriyle ilişkilidir. Boğaz çakrası iletişim merkezimizdir. Şimdiyi yaşayan, sanatkâr, zamanı iyi kullanan, spiritüal konuları iyi kavrayan, kendini iyi ifade eden bir yapımız varsa çakramızın düzenli çalıştığını söyleyebiliriz.

Ses telleri, akciğer, yemek borusu, tiroit, kulak, burun, boğazda sağlık sorunlarımız boğaz çakrasının şifalanma ihtiyacının göstergeleridir.

Ürkek, sessiz, çekingen, korkan bir yapı bu çakranın az çalıştığının ve şifalandırma ihtiyacında olduğunun göstergeleridir.

Kendini beğenmiş, kibirli, çok konuşan, eleştiren bir yapıyı barındırıyorsak bu çakranın çok çalıştığının ve şifalandırma ihtiyacında olduğunun göstergesidir.

Bu çakrayı şifalandırmak için mavi rengi hayatımıza katmalıyız. Eve mavi objeler (yastık, vazo, mum gibi) alabilir, kıyafet ve takılarımızda mavi rengi kullanabiliriz. Akuamarin ve turkuvazdan yapılmış takı takmak, newage müzik dinlemek bu çakranın şifalanmasında bize yardımcıdır.

Lavanta, papatya ve naneyi boğaz çakrasının üzerine sürmek de iyi gelir. Gökyüzüne bakmak, deniz kenarında vakit geçirmek yine bu çakranın şifalanmasına yardımcıdır.

Çakrayı düzenlemek için 7 gün boyunca söylemeniz gereken olumlamalar:

Bu olumlamaları gün içinde sakin bir köşede gözlerinizi kapatıp üçer kez söyleyebilir ya da ses kaydınızı alıp kulaklıkla dinleyebilirsiniz:

"Kendimi en iyi şekilde ifade ediyorum
Değişime hazır ve istekliyim
Hayatla uyum içindeyim
İnsanlarla iletişimim harika
Kendimi ifade etmek benim hakkım ve sorumluluğum
Kendimle iletişimim harika."

6. Çakra: Üçüncü Göz Çakrası

Altıncı çakra epifiz beziyle ilişkilidir. Üçüncü göz çakrası sezgi merkezimizdir. Olaylara dışardan bakabilen ve hayata karşı dengeli bir duruşumuz varsa çakramızın düzenli çalıştığını söyleyebiliriz.

Yüzümüz, başımız, gözümüzle ilgili sağlık sorunlarımız üçüncü göz çakrasının şifalanma ihtiyacının göstergeleridir.

Başarıdan korkan, disiplinsiz bir yapı bu çakranın az çalıştığının ve şifalandırma ihtiyacında olduğunun göstergeleridir.

Egosu yüksek ve otoriter yapıyı barındırıyorsak bu çakranın çok çalıştığının ve şifalandırma ihtiyacında olduğunun göstergesidir.

Bu çakrayı şifalandırmak için indigo mavi ve mor rengi hayatımıza katmalıyız. Eve indigo mavi ve mor objeler (yastık, vazo, mum gibi) alabilir, kıyafet ve takılarımızda indigo mavi ve mor rengi kullanabiliriz. Safir ve ametistten yapılmış takı takmak bu çakranın şifalanmasında bize yardımcıdır.

Gül, lavanta ve sedir ağacı yağlarını üçüncü göz çakrasının (iki kaşın arası) üzerine sürmek iyi gelir. Ormanda vakit geçirmek yine bu çakranın şifalanmasına yardımcıdır.

Çakrayı düzenlemek için 7 gün boyunca söylemeniz gereken olumlamalar:

Bu olumlamaları gün içinde sakin bir köşede gözlerinizi kapatıp üçer kez söyleyebilir ya da ses kaydınızı alıp kulaklıkla dinleyebilirsiniz:

"Tüm duygularımla varım
Farkındalığım her gün daha çok artıyor
Bilincim her gün daha çok artıyor
Bakış açım her gün daha çok genişliyor
Her gün daha hoşgörülü oluyorum
İçimdeki sevgi her gün daha çok artıyor."

7. Çakra: Taç Çakrası

Yedinci çakra hipofiz beziyle ilişkilidir. Taç çakrası Allah'la olan bağlantı noktamızdır. Evrensellik ve hayattaki her tecrübemize şükreden bir duruşumuz varsa çakramızın düzenli çalıştığını söyleyebiliriz.

Beyin ve kafatasımızla ilgili sağlık sorunlarımız taç çakrasının şifalanma ihtiyacının göstergeleridir.

Dengesiz ve depresyonda bir yapı bu çakranın az çalıştığının ve şifalandırma ihtiyacında olduğunun göstergeleridir.

Mesafeli, hayal kırıklığı içinde olan yapıyı barındırıyorsak bu çakranın çok çalıştığının ve şifalandırma ihtiyacında olduğunun göstergesidir.

Bu çakrayı şifalandırmak için beyaz, koyu mor ve altın rengini hayatımıza katmalıyız. Eve beyaz, koyu mor ve altın rengi objeler (yastık, vazo, mum gibi) alabilir, kıyafet ve takılarımızda beyaz, koyu mor ve altın rengi kullanabiliriz. Elmas ve kristal kuartzdan yapılmış takı takmak bu çakranın şifalanmasında bize yardımcıdır.

Sandal ağacı tütsüsü yakmak ve sessizlik bu çakranın şifalanmasına yardımcıdır.

Çakrayı düzenlemek için 7 gün boyunca söylemeniz gereken olumlamalar:

Bu olumlamaları gün içinde sakin bir köşede gözlerinizi kapatıp üçer kez söyleyebilir ya da ses kaydınızı alıp kulaklıkla dinleyebilirsiniz:

"Hepimiz biriz
Yaşamaktan zevk alıyorum
Her anıma şükürler olsun."

Hangi Çakranızda Blokaj Var Bulmak İçin Ne Yapmalı?

Hangi çakranızda blokaj olduğunu anlamanın en kolay yollarından biri Reiki öğrenmektir. Reiki'yle elleriniz şifa verme kaynakları haline gelir, böylece hem sorunlu yerleri tespit etme hem de şifalandırmayı gerçekleştirmiş olursunuz.

Reiki'nin yanı sıra sarkaçla da blokajlı çakraları bulup tedavi edebilirsiniz. Tabii ki diğer şifa çalışmalarıyla da sorunlu yerleri bulup tedavi edebilirsiniz.

Bunun yanı sıra aşağıda vereceğim test de size sorunlu çakranızı bulmada yardımcı olacaktır.

Şimdi size yedi tane sebze/meyve ya da çay çeşidi yazacağım. Onlardan birini seçin. Ona göre hangi çakranızda tıkanıklık olduğunu anlayacağız.

Kiraz
Mandalina
Kavun
Ispanak
Adaçayı
Nane
Yabanmersini

Seçtiğiniz meyveye göre aşağıdaki tabloya bakın ve hangi çakranızda sorun var anlayın:

1. Çakra: Kırmızı/Domates, çilek, karpuz, kiraz
2. Çakra: Turuncu/Havuç, somon balığı, yengeç, portakal, mandalina, turunç
3. Çakra: Altın Sarısı/Karışık karbonhidratlar, tahıllar, kavun
4. Çakra: Yeşil-Pembe/Yeşil sebzeler ve yeşil yapraklı bitkiler, ıspanak
5. Çakra: Mavi/Meyveler, adaçayı
6. Çakra: Çivit Mavisi/Nane, yasemin aromalı yiyecekler
7. Çakra: Menekşe Moru-Violet/Meyve suları, yabanmersini

Çakraların nasıl şifalandırılacağı konusu belki de spiritüal âlemin en popüler konularından biridir. Ben, çakraların şifalanabilmesi için enerji çalışmalarının yanı sıra kişinin yaşamına çekidüzen vermesi gerektiğine inananlardanım. Yani "Haftada bir Reiki uzmanına gideyim, bana bireysel seans yapsın, bütün sorunlarım çözülsün" yaklaşımı maalesef beklenen sonucu vermeyecektir. Hem siz kendi üstünüzde çalışacaksınız, hem gerekli tıbbi desteği alacaksınız, hem de enerji çalışmaları yaptıktan sonra ilerleme kaydedeceksiniz.

Seçtiğiniz meyveye göre kök çakranızda blokaj varsa anlamı şöyledir: Bir şeyleri kabul etmekte zorlanıyor, sürekli bir gücenme halini deneyimliyor ve çevrenizdekilere karşı sert davranışlarda bulunuyor olabilirsiniz. Bu çakradaki enerji akışını düzene koymak için bir önceki bölümde bahsettiğim renkler, müzikler ve yağlardan destek alabilir, enerji çalışmalarına gidebilirsiniz fakat aynı zamanda insanları yargılamayı ve eleştirmeyi de azaltmanız gerekmektedir.

Seçtiğiniz meyveye göre ikinci çakranızda blokaj varsa anlamı şöyledir: Alma-verme dengeniz bozuk, cinselliğinizle ve bedeninizle küs, değişim ve yaratıcılığınız tıkanmış ve öfkeli olabilirsiniz. Bu çakradaki enerji akışını düzene koymak için bir önceki bölümde bahsettiğim renkler, müzikler ve yağlardan destek alabilir, enerji çalışmalarına gidebilirsiniz fakat aynı zamanda daha dengeli ve hoşgörülü olmalı, yaşamdan zevk almaya başlamalı, kendinizi ve bedenini sevmek için alıştırmalar yapmanız gerekir.

Seçtiğiniz meyveye göre üçüncü çakranızda blokaj varsa anlamı şöyledir: Kararsız, öfkeli, isteksiz, hırslı ve dengesiz bir dönemden geçiyor olabilirsiniz. Bu çakradaki enerji akışını düzene koymak için bir önceki bölümde bahsettiğim renkler, müzikler ve yağlardan destek alabilir, enerji çalışmalarına gidebilirsiniz fakat aynı zamanda yaşam enerjinizi yükseltme çalışmalarına başlamalısınız.

Seçtiğiniz meyveye göre dördüncü çakranızda blokaj varsa anlamı şöyledir: Kaybetme korkusu, başkalarını ön plana çıkarma, güvensizlik, aşırı koruma ihtiyacı yaşıyor olabilirsiniz. Bu çakradaki enerji akışını düzene koymak için bir önceki bölümde bahsettiğim renkler, müzikler ve yağlardan destek alabilir, enerji çalışmalarına gidebilirsiniz fakat aynı zamanda şükretmeyi, alma-verme dengesini, kendini sevme ve şefkat konularında çalışmalar yapabilir, sizi destekleyenlerle daha çok vakit geçirebilirsiniz.

Seçtiğiniz meyveye göre beşinci çakranızda blokaj varsa anlamı şöyledir: Kendini ifade edememe, geri planda kalma, beğenilmeme korkusu yaşıyor olabilirsiniz. Bu çakradaki enerji akışını düzene koymak için bir önceki bölümde bahsettiğim renkler, müzikler ve yağlardan destek alabilir, enerji çalışmalarına gidebilirsiniz fakat aynı zamanda kendini ifade etme, kendine güvenme çalışmaları da yapabilirsiniz.

Seçtiğiniz meyveye göre altıncı çakranızda blokaj varsa anlamı şöyledir: Zihniniz karışık, güne mutsuz başlama, bunalım, yeteneklerini kabul etmeme, isteksizlik, uykuya dalma problemleri yaşıyor olabilirsiniz. Bu çakradaki enerji akışını düzene koymak için bir önceki bölümde bahsettiğim renkler, müzikler ve yağlardan destek alabilir, enerji çalışmalarına gidebilirsiniz fakat aynı zamanda kendine güvenme, sabahları mutlu ve enerjik kalkma, hayatınıza gülümsemeyi sokmak, kendinizi olduğunuz gibi kabul etme çalışmaları yapabilirsiniz.

Seçtiğiniz meyveye göre yedinci çakranızda blokaj varsa anlamı şöyledir: Depresyon, üzüntü ve acıyı deneyimliyor olabilirsiniz. Bu çakradaki enerji akışını düzene koymak için bir önceki bölümde bahsettiğim renkler, müzikler ve yağlardan destek alabilir, enerji çalışmalarına gidebilirsiniz fakat aynı zamanda kendini sevme, hayatı sevme, Allah'ı sevme konularında da çalışmanız gerekmektedir.

Çakraları Şifalandırma Meditasyonları

Çakralarınızda gün içinde yaşadığımız endişe, korku ve heyecanlarınızla blokaj yaratabilirsiniz. O yüzden düzenli olarak bu meditasyonları (ya da size uyan başka çalışmaları) yapmak şifalanmanız için çok önemlidir.

Şifalı Sularla Çakraları Temizleme Meditasyonu

On beş dakika kadar rahatsız edilmeyeceğiniz bir odaya geçin. Dilerseniz rahatlatıcı bir müzik koyabilirsiniz. Mum ve/veya tütsü yakabilirsiniz. Gözlerinizi kapatın ve burnunuzdan nefes alın burnunuzdan nefes verin. Burnunuzdan nefes alın burnunuzdan nefes verin. Bunu beş kere tekrarlayın.

Tepe çakranızın (başınızın üstündeki bölge) şifalı sularla yıkandığını hayal edin. Ve aynı zamanda şu cümleyi tekrarlayın: "Tepe çakram arındı, şifalandı ve temizlendi. Çok şükür."

Altıncı çakranızın (iki kaşın arasındaki bölge) şifalı sularla yıkandığını hayal edin. Ve aynı zamanda şu cümleyi tekrarlayın: "Altıncı çakram arındı, şifalandı ve temizlendi. Çok şükür."

Boğaz çakranızın (boğaz bölgesi) şifalı sularla yıkandığını hayal edin. Ve aynı zamanda şu cümleyi tekrarlayın: "Boğaz çakram arındı, şifalandı ve temizlendi. Çok şükür."

Kalp çakranızın (kalp bölgesi) şifalı sularla yıkandığını hayal edin. Ve aynı zamanda şu cümleyi tekrarlayın: "Kalp çakram arındı, şifalandı ve temizlendi. Çok şükür."

Solar pleksus çakranızın (göbek deliğiyle kaburga arasındaki bölge) şifalı sularla yıkandığını hayal edin. Ve aynı zamanda şu cümleyi tekrarlayın: "Solar pleksus çakram arındı, şifalandı ve temizlendi. Çok şükür."

Sakral çakranızın (göbek deliğinin altındaki bölge) şifalı sularla yıkandığını hayal edin. Ve aynı zamanda şu cümleyi tekrarlayın: "Sakral çakram arındı, şifalandı ve temizlendi. Çok şükür."

Kök çakranızın (omurgamızın alt kısmı) şifalı sularla yıkandığını hayal edin. Ve aynı zamanda şu cümleyi tekrarlayın: "Kök çakram arındı, şifalandı ve temizlendi. Çok şükür."

Ve son olarak şu cümleyi söyleyin: "Artık tam ve bütünüm, tüm vücudum koşulsuz sevgiyle yıkandı, arındı ve dönüştü. Çok şükür."

Hazır olduğunuzda gözlerinizi açabilirsiniz.

Not: Meditasyonları kendi sesinizle okuyup kayıt alırsanız, yapacağınız zaman çok büyük kolaylık olur.

Sihirli Çubukla Çakraları Temizleme Meditasyonu

Çakranın kelime anlamı dönen tekerlektir demiştik. Şimdiki meditasyonumuzda bu dönen tekerleklerimizi temizleyeceğiz. Yalnız meditasyonda çakraları dönen tekerlek olarak değil dönen çiçekler olarak düşünürsek daha güzel bir temizlik yapacağımıza inanıyorum. Oturarak ya da yatarak yapabileceğiniz bu meditasyon sizlere şifa olsun.

Meditasyonu yapmak için sessiz bir köşeye geçin ve dilerseniz mum, tütsü yakın, sizi rahatlatıcı hafif bir müzik koyun. Gözlerinizi kapatıyorsunuz ve burnunuzdan nefes alıyorsunuz, nefes veriyorsunuz. Nefes alıyorsunuz ve nefes veriyorsunuz. Tüm vücudunuzu ayaklarınızdan kafanıza doğru gevşetmeye başlıyorsunuz.

Ayaklar gevşe...

Baldırlar gevşe...

Dizkapakları gevşe...
Üst baldırlar gevşe...
Kalçalar gevşe...
Mide gevşe...
Belimiz gevşe...
Sırtımız gevşe...
Göğsümüz gevşe...
Kalbimiz gevşe...
Boynumuz gevşe...
Yüzümüz gevşe...
Ağzımız gevşe...
Gözlerimiz gevşe...
Kafamız gevşe...
İyice gevşedik...

Şimdi yukardan aşağıya altın renkli sevgi ışığının yağdığını imgeliyoruz. Altın renkli ışık yağıyor yağıyor.

Önce tepe çakranıza (kafamızın üst bölgesi) altın renkli şifa enerjisi yağıyor. Tepe çakranızda dönen bir çiçek olduğunu hayal ediyorsunuz ve elinize altın renkli bir sihirli çubuk alıp bu dönen çiçeği iyice temizlediğinizi hayal ediyorsunuz. Çiçeğin aralarını, altını, üstünü, yanını sihirli çubuğunuzla güzelce temizleyip altın renkli ışıkla pırıl pırıl parlamasına yardım ediyorsunuz. Burada işinizin bittiğini hissettiğinizde bir altındaki çakra olan üçüncü göz çakrasına iniyorsunuz.

Üçüncü göz çakranıza (iki kaşımızın arasındaki bölge) altın renkli şifa enerjisi yağıyor yağıyor. Üçüncü göz çakranızda dönen bir çiçek olduğunu hayal ediyorsunuz ve elinize renkli bir sihirli çubuk alıp bu dönen çiçeği iyice temizlediğinizi hayal ediyorsunuz. Çiçeğin aralarını, altını, üstünü, yanını sihirli çubuğunuzla güzelce temizleyip altın renkli ışıkla pırıl pırıl parlamasına yardım ediyorsunuz. Burada işinizin bittiğini hissettiğinizde bir altındaki çakra olan boğaz çakrasına iniyorsunuz.

Boğaz çakranıza altın renkli şifa enerjisi yağıyor yağıyor. Boğaz çakranızda dönen bir çiçek olduğunu hayal ediyorsunuz ve elinize altın renkli bir sihirli çubuk alıp bu dönen çiçeği iyice temizlediğinizi hayal ediyorsunuz. Çiçeğin aralarını, altını, üstünü, yanını sihirli çubuğunuzla güzelce temizleyip altın renkli ışıkla pırıl pırıl parlamasına yardım ediyorsunuz. Burada işinizin bittiğini hissettiğinizde bir altındaki çakra olan kalp çakrasına iniyorsunuz.

Kalp çakranıza altın renkli şifa enerjisi yağıyor yağıyor. Kalp çakranızda dönen bir çiçek olduğunu hayal ediyorsunuz ve elinize altın renkli bir sihirli çubuk alıp bu dönen çiçeği iyice temizlediğinizi hayal ediyorsunuz. Çiçeğin aralarını, altını, üstünü, yanını sihirli çubuğunuzla güzelce temizleyip altın renkli ışıkla pırıl pırıl parlamasına yardım ediyorsunuz. Burada işinizin bittiğini hissettiğinizde bir altındaki çakra olan solar pleksusa iniyorsunuz.

Solar pleksus (göbek deliğinizle kaburganız arasındaki bölge) çakranıza altın renkli şifa enerjisi yağıyor yağıyor. Solar pleksus çakranızda dönen bir çiçek olduğunu hayal ediyorsunuz ve elinize altın renkli bir sihirli çubuk alıp bu dönen çiçeği iyice temizlediğinizi hayal ediyorsunuz. Çiçeğin aralarını, altını, üstünü, yanını sihirli çubuğunuzla güzelce temizleyip altın renkli ışıkla pırıl pırıl parlamasına yardım ediyorsunuz. Burada işinizin bittiğini hissettiğimizde bir altındaki çakra olan sakral çakraya iniyorsunuz.

Sakral çakramıza (göbek deliğinizin altındaki bölge) altın renkli şifa enerjisi yağıyor yağıyor. Sakral çakranızda dönen bir çiçek olduğunu hayal ediyorsunuz ve elinize altın renkli bir sihirli çubuk alıp bu dönen çiçeği iyice temizlediğinizi hayal ediyorsunuz. Çiçeğin aralarını, altını, üstünü, yanını sihirli çubuğunuzla güzelce temizleyip altın renkli ışıkla pırıl pırıl parlamasına yardım ediyorsunuz. Burada işinizin bittiğini hissettiğinizde bir altındaki çakra olan kök çakraya iniyorsunuz.

Kök çakranıza (omurganızın başladığı bölge) altın renkli şifa enerjisi yağıyor yağıyor. Kök çakranızda dönen bir çiçek olduğunu hayal ediyorsunuz ve elinize altın renkli bir sihirli çubuk alıp bu dönen çiçeği iyice temizlediğinizi hayal ediyorsunuz. Çiçeğin aralarını, altını, üstünü, yanını sihirli çubuğunuzla güzelce temizleyip altın renkli ışıkla pırıl pırıl parlamasına yardım ediyorsunuz. Burada işinizin bittiğini hissettiğinizde burnumuzdan nefes alıp vermeye odaklanıyorsunuz.

Kendinizi pırıl pırıl parlayan altın bir kürenin içinde hayal ediyorsunuz. Siz de pırıl pırıl parlıyorsunuz. Çok sağlıklı, enerjik ve mutlusunuz. "Çok şükür" diyorsunuz. Ve hazır olduğunuzda yavaş yavaş gözlerinizi açıyorsunuz.

Not 1: Meditasyonu kendi sesinizle kaydedip yaparken dinlerseniz uygulaması çok daha kolay olacaktır...

Not 2: Her gergin olduğunuzda ya da uykusuzluk çektiğinizde bu meditasyonu yapıp sakinleşebilirsiniz.

Renklerle Çakraları Şifalandırma Meditasyonu

Şimdi de renkleri kullanarak bir şifalandırma meditasyonunu adım adım paylaşmak istiyorum.

20 dakika kadar rahatsız edilmeyeceğiniz bir odaya gidin. Hafif bir müzik açın, mumunuzu ve tütsünüzü yakın ve yatağa uzanın. Yatakta yatarken burnunuzdan nefes alın ve ağzınız-

dan verin. Burundan alırken dörde kadar sayın ve ağızdan verirken dörde kadar sayın. Bunu beş kez tekrarlayın. Her nefes verişinizde vücudunuzun iyice gevşediğini hayal edin.

Şimdi her nefes alışınızda yukardan kırmız rengin aktığını hayal edin ve kök çakranızı bu kırmızı enerjiyle doldurun. Bu şekilde beş kez nefes alarak kök çakranızın kırmızı enerjiyle dolduğunu ve şifalandığını hayal edin.

Her nefes aldığınızda yukardan turuncu rengin aktığını hayal edin ve sakral çakranızı bu turuncu enerjiyle doldurun. Bu şekilde beş kez nefes alarak sakral çakranızın turuncu enerjiyle dolduğunu ve şifalandığını hayal edin.

Her nefes alışınızda yukardan sarı rengin aktığını hayal edin ve solar pleksus çakranızı bu sarı enerjiyle doldurun. Bu şekilde beş kez nefes alarak solar pleksus çakranızın sarı enerjiyle dolduğunu ve şifalandığını hayal edin.

Her nefes alışınızda yukardan yeşil rengin aktığını hayal edin ve kalp çakranızı bu yeşil enerjiyle doldurun. Bu şekilde beş kez nefes alarak kalp çakranızın yeşil enerjiyle dolduğunu ve şifalandığını hayal edin.

Her nefes alışınızda yukardan mavi rengin aktığını hayal edin ve boğaz çakranızı bu mavi enerjiyle doldurun. Bu şekilde beş kez nefes alarak boğaz çakranızın mavi enerjiyle dolduğunu ve şifalandığını hayal edin.

Her nefes alışınızda yukardan lacivert rengin aktığını hayal edin ve altıncı çakranızı bu lacivert enerjiyle doldurun. Bu şekilde beş kez nefes alarak altıncı çakranızın lacivert enerjiyle dolduğunu hayal edin.

Her nefes alışınızda yukardan mor rengin aktığını hayal edin ve tepe çakranızı bu mor enerjiyle doldurun. Bu şekilde beş kez nefes alarak tepe çakranızın mor enerjiyle dolduğunu hayal edin.

Her nefes alışınızda yukardan altın rengin aktığını hayal edin ve tüm bedeninizde bu altın rengini dolaştırın. Bu şekilde beş kez nefes alarak tüm vücudunuzu altın rengiyle doldurun ve "Ben sağlıklıyım, ben neşeliyim, ben hayat doluyum, ben her şeyin üstesinden gelebilirim" deyin ve hazır olduğunuzda yavaş yavaş kendinize gelin, bir bardak su için ve yataktan kalkın.

Çakraları Düzenlemek İçin Yapılabilecekler Listesi

Enerjinizi yükseltmek ve çakralarınızın düzenli çalışmasını sağlamak çok önemli. Daha önce de dediğim gibi çakraları düzenlemek için Reiki, yoga, meditasyon gibi disiplinler çok faydalıdır. Bunun dışında da çakralara yönelik yapabileceklerinizi listelemek istedim.

Kök Çakra:

1. Evini elma sirkeli suyla sil.
2. Ağaca sarıl.
3. Evinde işine yaramayan eşyaları dağıt.
4. Çimenlere uzan.
5. Ayağını sıkmayan ayakkabılar giy.
6. Akşamları ayağını on dakika tuzlu suda beklet.
7. Eğlenceli çoraplar giy.

Sakral Çakra:

1. Her gün yüzüne gülsuyu sür.
2. İki adet büyük kırmızı mum al ve salonun sağ tarafına yerleştir.
3. Kendine güzel bir elbise al.
4. Kendine masaj yaptır.
5. Romantik bir kitap oku.

6. Berbere git, kendine bakım yaptır.

7. Yatak odanın sağ tarafına ikili hayvan objesi al (iki yunus, iki kuş, iki fil gibi).

Solar Pleksus Çakrası:

1. Her gün on beş dakika güneşlen. Güneş yoksa üstüne sarı bir şey giy ya da tak.

2. Sevdiğin eğlenceli bir film seyret.

3. Her gün 7500 adım at.

4. Dişini sol elle fırçala.

5. Arkadaşlarını eve çağır ve neşeli sohbetler yap. Sadece iyi ve güzel şeylerden konuş.

6. Sadaka ver.

7. Eve taze çiçek al.

Kalp Çakrası:

1. Yeşil ya da pembe kalemle günlük tut.

2. Aynanın karşısına geç ve kendine "Seni seviyorum, seni gerçekten çok seviyorum" de.

3. Sevdiğin bir arkadaşına uzun uzun sarıl.

4. Romantik bir film seyret.

5. Sevdiğin bir arkadaşına hayatında olduğu için teşekkür et.

6. Sokak hayvanlarına su ve yemek ver.

7. Bir çocuğu sevindir.

Boğaz Çakrası:

1. Deniz kenarında vakit geçir.

2. Şimdiye kadar içinde kalan her şeyi yaz, sonra o yazdıklarını yırt ve çöpe at.

3. Şimdiye kadar kızgın olduğun kişilere olan öfkeni bir yastığı yumruklayarak içinden çıkart.
4. Birkaç espri öğren ve arkadaşlarını güldür.
5. Yapmak istemediğin şeylere hayır demeye başla.
6. Şarkı söyle.
7. Bitki çayları içmeye başla.

Üçüncü Göz Çakrası:

1. Bilmece çöz.
2. Kendine güzel bir hediye al.
3. Aynanın karşısına geç ve kendine "Sen çok değerlisin" de.
4. Yeni bir şey öğren.
5. Seni aramasını istediğin birini gözlerini kapatarak üç dakika boyunca ona odaklanarak düşün.
6. Evde defne yaprağı yak.
7. Rüyalarını not etmeye başla.

Tepe Çakrası:

1. Her gün en az üç şeye şükret.
2. Parkta gökyüzünü, kuşları, kedileri seyrederek vakit geçir.
3. Pazar günü sadece sevdiğin şeyleri yap.
4. Yemek yapıp arkadaşlarını yemeğe davet et.
5. Tuzu, şekeri, gazlı içecekleri azalt.
6. Güneşin doğuşunu ya da batışını minnettarlıkla izle.
7. Yatak odana elektronik eşyaları sokma ve karanlıkta uyu.

Cebinde İki Ayrı Not Taşıyacaksın

Cebinde iki ayrı not taşıyacaksın
Birinde "Dünyanın merkezi sensin"
Diğerinde "Bir Hiçsin" yazacak...
Kendini bulunmaz Hint kumaşı sanmaya
başladığında ikincisini
Yaşadığın hayattan zevk almamaya başladığında ise
birinci notu okuyacaksın...

Anonim

4. BÖLÜM: ÖZEL GÜN RİTÜELLERİ VE MEDİTASYONLARI

Bu bölüme kendinizi ve ihtiyaçlarınızı daha iyi anlamanız için hazırladığım testle başlamak istedim.

Arkasından yeniay, dolunay, 02.02-06.06-10.10, ekinoks, Hıdırellez, güneş bayramı gibi enerjilerin yüksek olduğu tarihlerde yapılabilecek ritüellerin yanı sıra alacakları almak, yeni iş açmak, doğum günü, iş başvurusunun olumlu geçmesi gibi konularda yapılacak ritüelleri hazırladım.

Ayrıca zihnimizin gevşemesine ve odaklanmasına yardımcı olacak meditasyon çalışmalarına da yer verdim.

"Peki bu ritüellerde nasıl dilek dileyeceğiz?" diyenleri de unutmadım ve bu bölümün ilk sayfalarını bu konuya ayırdım.

Yine "Olumlamaları nasıl yapacağım?" diyenler için de "Yeniayda suya dilekleri oku" ritüelinin başında bol bol olumlama örnekleri verdim.

Ritüellerde göreceğiniz üzere renklerden, elementlerden, olumlamalardan, baharatlardan, değerli taşlardan, takılardan, objelerden, günlerden, kelime değerlerinden ve tekrarlardan yararlandım. Bunların her birinin kendine göre olan enerji titreşimini dileklerimizle birleştirdim ve zihnimizi odaklayarak ritüelleri oluşturdum.

Tabii her zaman söylediğim gibi her şey Allah'tandır. Bunlar sadece vesilelerdir.

Hepinize şifa olsun inşAllah...

Ayrıca sizlerden de ricam dilek dilediğiniz zaman gözlerinizi kapatın ve dileğinizi olmuş gibi hayal edin. Dileği olmuş gibi hayal etmenin önemini aşağıda bilimsel bir makaleyle anlatmak istiyorum.

1990'lı yılların başında bir bilim dergisi olan Research Qarterly'de yayımlanan çok ilginç bir araştırma var. Bu araştırmada basketbol oynayan öğrenciler üç gruba ayrılıyorlar.

İlk grup basketbol topunu fileye sokabilmek için 20 gün boyunca fiziksel antrenman yapıyor. Ter döküyor.

İkinci grup hiçbir şey yapmıyor, yan gelip yatıyor.

Üçüncü grupsa 20 gün boyunca her gün zihinsel antrenman yapıyor. Yani zihinlerinde hayali olarak topu tutuyorlar, paslaşıyorlar, çok güzel atışlar yapıyorlar, terlediklerini hissediyorlar, inanılmaz güzellikte bir maç çıkararak seyircinin alkış seslerini duyuyorlar, maç bitiminde gelen tebrikleri kabul ediyorlar.

20 günün sonunda her gün antrenman yapan ilk grubun performansında %24'lük bir artış oluyor.

Yan gelip yatan ikinci grupta, beklenilebileceği gibi, hiçbir değişiklik yok.

Zihinsel antrenman yapan üçüncü grubun performansında da %23'lük bir artış oluyor.

Dikkat edin! Topu ellerine bile değdirmeden hemen hemen ilk grup kadar başarı sağlıyorlar. Yani bilinçaltı beş duyunun etkili bir şekilde kullanıldığı ve canlı hayallerin kullanıldığı bir senaryonun sürekli tekrarlanmasıyla, aslında henüz gerçekleşmemiş şeyleri gerçekmiş gibi kabul etmeye başlıyor ve beyne bu sinyali gönderiyor.

Ne müthiş bir güç öyle değil mi?

Tabii her zaman söylediğim gibi her şey Allah'tandır. Bunlar sadece vesilelerdir.

Hepinize şifa olsun ve dilekleriniz kabul olsun inşallah...

Parolamız 1: "Her şey Allah'tandır..."

Parolamız 2: Sakın ümitsizliğe kapılma!

"Bir dua ile olmaz dediğin ne varsa
Kapına dizilir topyekûn
Bak ne diyor Rabb'in:
Kün Fe Yekûn."

Dünyaya Nasıl Baktığınızı Test Edin

Dünyaya nasıl baktığınız, kendinizi ve ihtiyaçlarınızı bilmeniz çok önemlidir. Bu bölümde ritüel ve meditasyonlara başlamadan önce kendinizi tanımanız için hazırladığım testi yapmanızı öneririm.

Testi yapmak çok kolay. Aşağıdaki fotoğrafa bakın ve ilk gözünüze çarpan şeklin anlamını okuyun...

Şekle baktığınızda ne görüyorsunuz?

a) Elma

b) Kelebek

c) Bıçak

Elma Görenler: Sizler ayağı yere sağlam basan, arada dengeyi kaybetseniz bile kolaylıkla dengeye gelebilen insanlarsınız. Çevrenizdekiler size danışırlar, sizi dinlerler. Daima kendinizi geliştirmeye çalışırsınız, yanlış yapsanız da telafi etme yoluna gidersiniz. Sorunlardan kaçmak yerine onları nasıl çözeceğinize odaklanırsınız. Gerçekten çok güvenilir insanlarsınız. Kendinizi sürekli kontrol altında tutarsınız ama arada bir eğlenin, kendinizi akışa bırakın. Olur mu?

Kelebek Görenler: Sizi gidi çocuk ruhlular sizi. Bu dünya bazen size zor geliyor. İçinizdeki, iyilik, sevecenlik o kadar yüksek ki, nefreti, kızgınlığı, öfkeyi anlayamıyorsunuz. Hele ki bu duygular size yönlenirse ne yapacağınızı şaşırıyorsunuz ve hak etmediğinizi düşünüyorsunuz. Gerçekten de hak etmiyorsunuz. Sizler o kadar naifsiniz ki. Hiçbir canlıyı incitemezsiniz, bilerek isteyerek hiç kimseyi üzemezsiniz, siz üzülürsünüz, kırılırsınız ama başkalarını kırmazsanız. Siz gidin çimlerde yuvarlanın, salıncaklarda sallanın. Aynen böyle kalın e mi?

Bıçak Görenler: Sizler çok iyi insanlarsınız ama geçmişte çok kırılmışsınız. Zamanında size yapılan tüm haksızlıklar içinize işlemiş ve karnınızda bir bıçak yarası var gibi hissediyorsunuz. Zaman zaman bunları unutuyorsunuz ve ışıltınızla çevrenizi büyülüyorsunuz, dışarı çıkıp eğleniyorsunuz, hayatın tadını çıkarıyorsunuz. Zaman zaman da eve kapanıp yaralarınızı sarmaya çalışıyorsunuz. Aman boş verin ne olduysa oldu bitti, siz bu dünyaya lazımsınız. Bu andan itibaren geçmişi affedin ve hayata dört elle sarılın e mi?

Nasıl Dilek Dilenir?

Bu kitapta hep dilek dilemekten bahsediyoruz. Bu nedenle dilek dilemenin püf noktalarından da bahsetmek ve örnek dilekleri de sizlerle paylaşmak istedim.

Dileğinizi Dilemeden Yapmanız Gerekenler

Öncelikle kendi enerjinizi arındırmanız gerekir. Bunun için dilek dileme ritüel ya da meditasyonlarını yapmadan önce mutlaka elma sirkeli suyla duş alın ve duş alırken "Üstümdeki tüm negatif enerji ve düşüncelerimi suya akıtıyorum, akıtıyorum, akıtıyorum" deyin.

Sonrasında evinizin enerjisini arındırmanız gerekir. Bunun için de elma sirkeli suyla tüm evi, vaktiniz yoksa özellikle çalışma yapacağınız odayı silin. Silerken yüksek sesle "Evim, odam temizlendi ve arındı" deyin.

Üstünüze yeni yıkanmış ve ütülenmiş kıyafetler giyin.

Dileğinizi Yazarken Dikkat Etmeniz Gerekenler

- Dileklerinizi kendi adınıza yazın.
- Dilekler olmuş gibi yazın.
- Dilekleri yazarken onları gözünüzde canlandırın.
- Dileklerinizi pozitif ifadelerle yazın.
- Dilekleriniz olduğunda nasıl hissedeceğinizi düşünün ve yazarken o hislerle dolup taşın.

Tüm dileklerinizi yazmayı "Sizin, bütünün ve ilgili herkesin hayrına çoktan oldu" ibaresiyle bitirin.

Dileğinizi Hangi Amaçla İstediğinize Dikkat Edin

- Dileğinizi yazarken hem olsun istiyor hem de korkuyorsanız dileğiniz olmaz.
- Dileğinizi takıntı yaptıysanız, hırs ve inatla istiyorsanız dileğiniz olmaz.
- Laf olsun diye istiyorsanız dileğiniz olmaz.
- Dileğinizi başkasına zarar vermek için istiyorsanız dileğiniz olmaz.

Dileğinize Tutunmayın

Unutmayın her dileğin oldurucusu Allah'tır. O isterse her şey olur. Bu yöntemlerin hepsi sadece vesiledir.

Dileğinizi dileyin ve serbest bırakın. "Ay oldu mu, olacak mı, doğru mu yaptım?" diye düşünmeyin. Bunu yemeğe gidip garsona yemek sipariş etmek gibi düşünün.

Yemeğe gidince garsona sipariş verdikten sonra salatalığın, domatesin, limonun tarladan toplanıp toplanmadığını, o sabah halden alınıp alınmadıklarını düşünmüyoruz. Arkadaşımızla sohbete devam edip rahatça yemeğimizi bekliyoruz. Ve siparişimizin gelmeyeceğinden hiç endişelenmiyoruz. Siparişimize endişe enerjisi bulaştırmıyoruz.

İşte dileğimizde de aynı bunu yapmalıyız. Dileğimizi dileyip rahatımıza bakmalıyız. Dileğimiz zaten çoktan oldu bile.

Parolamız:

"Elinden gelenin en iyisini yap ve kendini Allah'a teslim et"

Örnek Dilekler

İş ve Başarıyla İlgili:

- Çok başarılı olduğum bir işim var. İş arkadaşlarım ve patronumla ilişkilerim çok iyi. Maaşım çok iyi ve her yıl yapılan artışlardan çok memnunum. Bu sene terfi ettim. Evim işime çok yakın. İşimde çok huzurlu ve mutluyum.

- Beni mutlu eden işi ve yaşam amacını buldum. Kendi işimi kurdum. Her şey yolunda. Müşterilerim benden çok memnun. Ödemelerini düzenli yapıyorlar. Herkesle aram çok iyi. Yardımcılarım çok bilgili, dürüst ve bana sadık.

Bolluk ve Bereketle İlgili:

- Hayatımın her anına bolluk ve bereket yağmasını hak ediyorum.

- Eski Datça'da bahçe içinde şömineli taş evim var. Arkadaşlarım ve eşimle sık sık gidiyoruz güzel yemekler yiyoruz, çok eğleniyor ve dinleniyoruz. Bahçesinde domates, biber, salatalık yetiştiriyoruz. Ayrıca kiraz ve zeytin ağaçlarımız da var.

- Yazlığıma üstü açılabilir lacivert arabamla gidiyoruz, yolda çok eğleniyoruz.

Not: Bolluk bereket istiyorum deyince tüm konuları (sağlık, ev, iş, yazlık, eş, arkadaş) içerir.

Aşkla İlgili:

- Evliliğim/ilişkim çok iyi. Eşim/sevgilim bana inanılmaz değer veriyor. Beni el üstünde tutuyor. Yakışıklı (güzel), cömert, beni ileri götüren, aynı yaşam görüşünü paylaştığım eşimle/sevgilimle çok mutluyum. Sadık, dürüst ve tutkulu bir ilişkimiz var.

Sağlıkla İlgili:

- Çok sağlıklıyım. Tüm sonuçlarım ve kontrollerim temiz çıktı. Kendimi yeniledim. Tüm hücrelerim yenilendi. Yüzüm, cildim, tüm organlarım çok sağlıklı. İstediğim ve benim için ideal olan kilodayım. Bağışıklık sistemim çok güçlü. Yeni beslenme sistemim bana çok yaradı.

Çocukla İlgili:

- Bu sene çocuğumuz oldu. Allah'a şükür onun sağlığı da çok iyi. Hayırlı, şanslı ve uzun ömürlü bir evlat.

Yeniay Zamanının Önemi, Meditasyonlar ve Ritüeller

Yeniay zamanı ayın gökyüzünde büyüdüğü zamandır. Bu büyümeden esinlenerek bizler de dileklerimizi dileyebilir, yeni başlangıçlar yapabiliriz. Yeniay başladıktan sonraki on-on dört günlük süre boyunca aşağıdaki meditasyon ve ritüellerden istediğiniz birini veya hepsini yapabilirsiniz.

Yeniayda Kapıları Açma Meditasyonu

Rahatsız edilmeyeceğiniz bir odaya geçin ve size rahat gelen bir duruş seçin. Hoşunuza gidiyorsa mum, tütsü yakabilir ve rahatlatıcı bir müzik açabilirsiniz. Şimdi gözlerinizi kapayın ve burnunuzdan nefes alıp vermeye başlayın ve gevşediğinizi hissedin.

Bir koridorda yürümeye başladığınızı hayal edin. Koridorun her yanı rengârenk kapılarla dolu olsun: Sarı, mavi, yeşil, mor gibi...

Şimdi sağdaki mor kapıyı açıp içeri girin. Burası bolluk bereket odası. İçerideki her şey mor. Odanın ortasına geçip oturun. Gökyüzünden yağan mor ışığın tadını çıkarmaya başlayın. İçinizden şu cümleyi tekrarlayın: "Para bana her türlü hayırlı kaynaktan bolluk ve bereketle, huzurla, neşeyle ve kolaylıkla gelir. Ben varlıklıyım. Parayı ve iyi yaşamayı hak ediyorum. Her şeyin en iyisini hak ediyorum."

Hazır olduğunuzda ayağa kalkın ve bolluk bereket odasının kapısını açık bırakıp koridora geri çıkın ve yürümeye başlayın. Rengârenk kapıların arasında yürümeye devam edin.

Pembe kapının önünde durun ve kapıyı açarak içeri girin. Odanın ortasına geçip oturun. İçeride her şey pembe. Pembe aşkın, sevginin rengi. Gökyüzünden yağan pembe ışığın tadını çıkarın. İçinizden şu cümleyi tekrar edin: "Seviyor ve seviliyorum. Harika bir ilişkim var. El üstünde tutuyor ve tutuluyorum. Sevmek ve sevilmek benim hakkım. Beni büyüten ve geliştiren bu ilişkimde çok mutluyum. Ben çok değerliyim. Aşka inancım tam. Bu ilişkiye inancım tam. Bu ilişkiyi hak ediyorum."

Hazır olduğunuzda ayağa kalkın ve aşk odasının kapısını açık bırakarak koridora geri çıkın ve yürümeye başlayın. Rengârenk kapıların arasında yürümeye devam edin.

Şimdi sarı kapının önünde durun ve kapıyı açarak içeri girin. Odanın ortasına geçip oturun. İçeride her şey sarı. Sarı sağlığın, yaşam enerjisinin, canlılığın rengi. Gökyüzünden yağan sarı ışığın tadını çıkarın. İçinizden şu cümleyi tekrar edin: "Yaşam enerjim çok yüksek. Hayatı seviyorum. Hayat da beni seviyor. Çok sağlıklıyım. Hayat çok güzel ve ben çok huzurlu, mutlu ve sağlıklıyım. Her şeyin üstesinden gelebilir ve her şeyi yapabilirim. Çok güçlüyüm."

Hazır olduğunuzda ayağa kalkın ve yaşam enerjisi odasının kapısını açık bırakarak koridora geri çıkın ve yürümeye başlayın.

Mor, pembe ve sarı ışıklarla yıkanmaya devam ettiğinizi imgeleyin ve hazır olduğunuzda yavaş yavaş gözlerinizi kapayın.

Not 1: Bu meditasyonu kendi sesinizle kaydedin ve yeniay zamanları dinleyin.

Not 2: Youtube'daki "Anette Inselberg" kanalımda "kapıları açma meditasyonu" adı altında değişik kapıları açtığım meditasyonu bulabilirsiniz. Her iki meditasyonu da yapabilirsiniz.

Yeniayda Mor Kurdeleli Bolluk Bereket Ritüeli

Bolluk bereket için, iş bulabilmek için, gelen paranın bereketini görebilmek için bu ritüeli yapabilirsiniz.

Malzemeler

Bir cam kavanoz
Mor bir kurdele
Bir avuç pirinç
Bir avuç lavanta
Bir avuç çörekotu
Bir kaşık şeker
Sitrin taşı

Yapılışı

Kavanozu elinize alıyorsunuz. İçine sitrin taşını, çörekotunu, lavantayı, pirinci ve şekeri koyuyorsunuz. Sonra kavanozun kapağına mor kurdeleyi bağlarken şu cümleyi üç kez söylüyorsunuz: "Hayatıma her türlü hayırlı kaynaktan bolluk bereketin hızlıca, kolaylıkla, neşeyle ve sağlıkla gelmesi, bereketin evin içinde kalması ve iş kapılarımın açılması için sonsuz mucizevi olasılıklar nelerdir?"

Ve kavanozu mutfakta görünür bir yere koyuyoruz, kavanozu gördükçe cümlemizi tekrar ediyoruz.

İşte bu kadar basit...

Tarifi benden yapması sizden...

Yeniayda Mor Bolluk Bereket Çanağı

Yeniay zamanları eve bolluk, bereket, şans, neşe, kısmet getirmek için aşağıdaki çanağı hazırlayıp salona koymak çok iyidir.

Malzemeler

Mor çanak

Çubuk tarçın

Kehribar taşı

Lavanta

Karanfil

Birkaç defne yaprağı

Pirinç

Şeker

Çörekotu

Uğur parası

Yapılışı

Önce gidip sokak kapısını açın. Sonra yukarda sayılan tüm malzemeleri (defne yaprağı hariç) istediğiniz sırayla çanağın içine koyun. Çanağın içine koyarken "Şans, mutluluk, huzur, sağlık, neşe, aşk, kısmet ve iyi haberler eve hızlıca ve kolaylıkla girdi. Eve hızlıca ve kolaylıkla girdi. Eve hızlıca ve kolaylıkla girdi" deyin.

Defne yapraklarının bir tutamını çanağa ekleyin, diğer kısmını tütsü gibi yakıp söndürün. Çanağın üzerinde üç kere soldan sağa döndürürken "Tüm dileklerim, ben ve bu evde yaşayanlar arındı, temizlendi ve şifalandı. Çok Şükür" deyin.

Defne yaprağı tütsüsü yaptığınız artan külleri de çanağın içine atın.

Not 1: Bu ritüeli her yeniayda tekrarlayabilirsiniz.

Not 2: Ritüeli tekrarlarken çanaktaki malzemeler toprağa gömüp yenilerini kullanmanız gerekli.

Yeniayda Dilekleri Toprağa Ek Ritüeli

Yeniay zamanı dileklerinizi yazmak için kâğıdı kalemi alıp size en yakın parka gidiyorsunuz. Bir de yanınıza küçük su şişesi alıyorsunuz.

Malzemeler

Kâğıt

Kalem

Bir şişe su

Yapılışı

Parkta kalbinize hitap eden bir ağacın altına oturuyorsunuz. Burnunuzdan birkaç kez nefes alıp verdikten sonra çantanızdan kâğıdınızı kaleminizi çıkarıp olmasını istediğiniz dilekleri yazıyorsunuz. Sonra kâğıdı katlayıp sol elinizin avuç içine koyuyor ve sağ elinizle de sol elinizi kapatıyorsunuz.

Gözlerinizi kapatıyorsunuz ve yeşil ışığın gökyüzünden aktığını imgelemeye başlıyorsunuz. Bu yeşil ışık hayatınıza bolluk, bereket, neşe, huzur, sağlık akıtıyor. Aynı zamanda yeniay dileklerinizin en hayırlı şekilde gerçekleşmesine de yardım ediyor.

Arkasından yeşil ışığın önce kalbinize, oradan omzunuza, dirseğinize, ellerinize aktığını imgeliyorsunuz. Tüm dileklerinizin bu yeşil ışığın mucizevi ışığıyla yıkandığını hayal ediyorsunuz.

Getirdiğiniz kalemle toprağı eşeleyip dileklerinizi derine ekiyorsunuz ve toprağı kapatıyorsunuz.

Sol avuç içinizi dileklerin üstüne gelecek şekilde toprağa koyuyorsunuz ve yeşil ışığın önce kalbinize, oradan omuzlarınıza, dirseklerinize, ellerinize ve toprağa dileklerinize aktığını imgeliyorsunuz.

Getirdiğiniz su şişesinden toprağa birkaç damla döküyorsunuz, böylece dileklerinizin can suyunu vermiş oluyorsunuz.

Hazır olduğunuzda parktan kalkıyorsunuz ve getirdiğiniz suyun kalanını hayvanların içmesi için bir kaba koyuyorsunuz.

Not 1: Youtube'daki "Anette Inselberg" kanalımda bu ritüeli "yeniayda dilekleri toprağa ekme" adı altında bulabilirsiniz. Videoyla yazım arasında farklılıklar olabilir. Siz her ikisini de yapabilirsiniz.

Not 2: Yeniay gökyüzünde büyümeye başladıktan sonraki 14 gün boyunca bu ritüeli istediğiniz kadar yapabilirsiniz.

Yeniayda Evrenle Bir Olma ve Frekansınızı Yükseltme Ritüeli

1) **Suyunuzu Uyumlamak:** İçme suyunuzu geceleri gökyüzünü görecek şekilde pencere kenarında bırakın ve şu sözleri üç kez tekrarlayın: "Yaşamla, evrenle, doğayla ve her şeyle birim." Ve sabah kalktığınızda bu suyu için.

2) **Doğayla Buluşmak:** Parka, ormana ya da deniz kenarına gidin ve en az bir saat orada vakit geçirin. Mümkünse toprağa çıplak ayakla basarak yürüyün.

3) **Ağaç Meditasyonu Yapmak:** Sessiz bir yerde oturun. Kendinizi bir ağaç olarak imgeleyin. Ayaklarınızın dünyanın merkezine doğru köklenerek uzadığını ve temellerinizin ne kadar sağlam olduğunu düşünün. Vücudunuzu ağacın gövdesi olarak, el ve kollarınızı da dallar olarak düşünün. Ve her nefes alışınızda ağaç olan sizin yaşam enerjisiyle dolduğunuzu ve her nefes verdiğinizde tüm kırgınlık ve umutsuzlukların kaybolduğunu hayal edin. Bu nefesi yedi kere tekrarlayın. Ve arkasından yavaşça gerinip oturduğunuz yere geri dönün, hazır olduğunuzda gözlerinizi açın.

4) **Ağaca Dokunmak ve Teşekkür Etmek:** Yolda karşınıza çıkan üçüncü ağaca dokunun ve ona teşekkür edin. Ağaca sarılırsanız enerji aktarımı daha kuvvetli olacaktır.

5) **Çevrenizdeki Uygun Bir Yere Hayvanlar İçin Su Kabı Bırakmak:** Başka canlıları düşünmek, onların beslenmesine yardımcı olmak sizin dünyayla olan bağınızı artıracak ve frekansınızı yükseltecektir. Çevrenizdeki uygun yerlere hayvanlar için su ve yemek kapları bırakmayı alışkanlık haline getirin.

6) **Dağ Meditasyonu Yapmak:** Sessiz bir yerde oturun ve kendinizi bir dağ olarak hayal edin. Ayaklarınız toprağa, başınız bulutlara değecek şekilde büyük ve heybetli bir dağ olduğunuzu hayal edin. Doğa ananın üstünde heybetli bir şekilde kurulun. Her nefes alışınızda "Kendimi akışa teslim ediyorum" deyin ve bunu yedi kez tekrar edin. Sonrasında yavaş yavaş gerinin ve hazır olduğunuzda gözlerinizi açın.

Bu çalışmayı yedi gün sürdürürseniz kendinizi doğayla ve yaşamla bir hisseder mutluluk ve huzurla dolup taştığınızı keşfedersiniz.

Not 1: Bunları istediğiniz sırada ve adette yapabilirsiniz. İçinden size uygun bir taneyi de yapmanız yeterlidir.

Not 2: Bu ritüelleri sadece yeniayda değil dilediğiniz her zaman yapabilirsiniz.

Yeniayda Mutfakta Yapılabilecek Bereket Artırma Ritüelleri

Mutfak İçin Ritüel 1: Yeniayda şehriyeli ve bademli pilav yapıp konu komşuya ya da ihtiyaç sahiplerine dağıtın. Evin bereketinin arttığını göreceksiniz.

Not: Pilavı yaparken "Evin bereketinin artmasını, hayatıma bolluk bereket gelmesini seçiyorum, seçiyorum, seçiyorum" deyin.

Mutfak İçin Ritüel 2: Yemek yediğiniz ortama büyük bir meyve tabağı içinde yenilebilir mevsim meyvelerini koyun. Mevsim meyvelerini her gördüğünüzde "Evimin bereketi, huzuru, enerjisi daim olsun" deyin. Tabaktaki meyveler bittiğinde tazeleyin.

Mutfak İçin Ritüel 3: Yeniayda yemek yaparken ocağın tüm gözlerini kullandığınızdan emin olun. Sırayla her gözde yemek pişirin. Her gözde yemek pişirirken "Alma-verme dengem yerinde, evin bereketi yerinde çok şükür" deyin.

Mutfak İçin Ritüel 4: Ara ara mutfakta kırmızı mum yakın. Mumu yakarken "Evime, işime, hayatıma bolluk bereket giriyor" deyin.

Yeniayda Dilek Feneri Meditasyonu

Dileklerinizi dilemek için evin sakin bir köşesine çekilin ve ev halkına sizi on dakika rahatsız etmemelerini söyleyin. Cep telefonunuzu da sessize alın ki dikkatiniz dağılmasın.

İsterseniz mum, tütsü yakabilir ve rahatlatıcı bir meditasyon müziği koyabilirsiniz. Rahat bir pozisyona geçin ve gözlerinizi kapayın. Burnunuzdan üç kez nefes alıp nefes verin.

Şimdi burnunuzdan nefes alırken içinize neşeyi alıp tüm hücrelerinizde, tüm organlarınızda gezdiriyorsunuz.

Burnunuzdan nefes alırken içinize bolluk ve bereketi alıyor ve tüm hücrelerinizde, tüm organlarınızda gezdiriyorsunuz.

Burnunuzdan nefes alırken sağlıklı olmayı tüm hücrelerinizde, tüm organlarınızda gezdiriyorsunuz.

Burnunuzdan nefes alırken huzuru tüm hücrelerinizde, tüm organlarınızda gezdiriyorsunuz.

Burnunuzdan nefes alırken iyi haberleri ve hayırlı kapıların açılmasını tüm hücrelerinizde, tüm organlarınızda gezdiriyorsunuz.

Burnunuzdan nefes alırken mutluluğu tüm hücrelerinizde, tüm organlarınızda gezdiriyorsunuz.

Şimdi kendinizi deniz kenarında yürürken imgeliyorsunuz. Gökyüzünde güneş, yanağınızda tatlı bir meltem var. Biraz yürüdükten sonra banka oturuyorsunuz. Denizin kokusunu içinize çekiyorsunuz. Güneş tatlı tatlı sizi ısıtıyor. İyice gevşiyorsunuz.

Yanınıza bir dilek feneri satıcısının geldiğini imgeliyorsunuz. Rengârenk dilek fenerleri: Kırmızı, sarı, yeşil, mor. İstediğiniz renk dilek fenerini alıyor ve bankınıza oturuyorsunuz.

Şimdi burnunuzdan nefes alıp nefes verirken dilek fenerinin içine neşeyi, bolluk ve bereketi, sağlıklı olmayı, huzuru, iyi haberleri, hayırlı kapıların açılmasını üflüyoruz.

Burnunuzdan nefes alıyorsunuz ve nefes verirken dilek fenerinin içine kendinizi sevmeyi, değer vermeyi, gurur duymayı üflüyorsunuz.

Burnunuzdan nefes alıyorsunuz ve şimdi dileklerinizi dilek fenerinin içine üflemeye başlıyorsunuz.

İstediğiniz kadar dileği dilek fenerinin içine üfleyin. Dileklerinizi olmuş gibi söyleyin ve olduğunda nasıl hissedecekseniz o duyguya bürünün.

Burnunuzdan nefes alın ve "Dileklerim çoktan oldu bile" diyerek dilek fenerine üfleyin.

Ayağa kalkın ve dilek fenerini usulca denize bırakın. Dilek feneriniz denizde süzülürken "Tüm dileklerimin olması için neler mümkün çok şükür?" deyin ve yerinize oturun.

Burnunuzdan üç derin nefes alın ve hazır olduğunuzda yavaş yavaş gözlerinizi açın.

Not 1: Youtube'daki "Anette Inselberg" kanalımda "yeniay meditasyonu" adı altında bu meditasyonun bir benzerini bulabilirsiniz.

Not 2: Meditasyonu gözünüz kapalı yapacağınız için kendi sesinizi kaydedin ve meditasyonu kendi sesinizi dinleyerek yapın.

Yeniayda Bolluk Bereket Kesesi

Malzemeler

Mor kese
Çubuk tarçın
Lavanta
Karanfil
Adaçayı
Pirinç
Çörekotu
Anahtar
(küçük olsun, bisiklet kilidi, çek kilidi vs. kullanabilirsiniz)
Gülen surat etiketi
Nazar boncuğu etiketi
Uğurböceği etiketi
Bozuk para

Yapılışı

Mor kesenin içine istediğiniz sırada pirinç, çörekotu, lavanta, birkaç adet karanfil, birkaç tutam adaçayı, anahtar ve çubuk tarçını koyuyorsunuz. Arkasından uğurböceği ve nazar boncuğu etiketlerini birbirine yapıştırıp keseye koyuyorsunuz. Bozuk paranın her iki tarafına da gülen surat etiketi yapıştırıp kesenin içine koyuyorsunuz. Keseyi kapatıp fiyonk yapıyorsunuz.

Adaçayını tütsü gibi yakıp kesenin üzerinde saat yönünün tersinde üç kere gezdiriyorsunuz. Keseyi sol avucunuzun içine koyuyorsunuz ve diğer elinizle üstünü kapatıyorsunuz. Ve şu sözleri söylüyorsunuz: "Ben her türlü hayırlı kaynaktan bolluk ve bereket gelmesini kabul ediyorum. Ben her türlü hayırlı kaynaktan bolluk bereket gelmesini seçiyorum. Ben her türlü hayırlı kaynaktan bolluk bereket gelmesini hak ediyorum."

Keseyi cüzdanın içine yerleştirirken "Bana her türlü hayırlı kaynaktan bolluk ve bereket yağıyor" diyoruz. Keseyi her gördüğümüzde "Bana her türlü hayırlı kaynaktan bolluk ve bereket yağıyor" diyoruz.

Not 1: Üç ayda bir keseyi yenileyebilirsiniz.

Not 2: Kesenin içindekileri toprağa gömebilirsiniz.

Not 3: Buradaki bolluk bereket sağlık, iş, aşk her şeyi kapsar.

Not 4: Kesenin yapımını Youtube'daki "Anette Inselberg" kanalımdan izleyebilirsiniz. Yazıyla video arasında ufak farklılıklar vardır. İki şekilde de yapabilirsiniz.

Yeniayda Kapılarımızı Coşkuyla Açma Ritüeli

Her yeniayda yapabileceğimiz bu ritüelle yüksek enerji ve coşkuyla kapılarımızı açmaya başlayalım. Haydi ne duruyorsunuz, malzemeleri alın ve hemen uygulamaya başlayın...

Malzemeler

Kırmızı karton
Bir kâse
Bir anahtar kolye

Yapılış

Seçtiğiniz yeniayda (günü ve saati size bağlı) malzemeleri fotoğraftaki gibi yerleştiriyorsunuz. Akşam dokuzdan sonra anahtarlı kolyeyi sol elinize alıp gözlerinizi kapatıyorsunuz.

Burnunuzdan nefes alıp ağzınızdan nefes veriyorsunuz. Ve bunu üç kere tekrarlıyorsunuz.

Ve şu sözleri tekrarlıyorsunuz: "Bugünden itibaren hayatıma, coşku, aşk, yaşam enerjisi, dileklerimin kabulü, sağlık, bolluk ve bereket giriyor. Tüm kapalı kapılarım kolaylıkla, hızlıca ve çabucak açılıyor, açılıyor, açılıyor." Ve anahtarı suya geri bırakıyorsunuz.

Ertesi gün size uyan bir vakitte sudan anahtarlı kolyenizi sol elle çıkarıp boynunuza bir haftalığına takıyorsunuz. Takıyı takarken "Tüm kapalı kapılarım kolaylıkla, hızlıca ve çabucak açılıyor, açılıyor, açılıyor" diyorsunuz.

Şifa olsun.

Not 1:

Kırmızı kartonu başka bir ritüelde kullanabilirsiniz.

Not 2:

Takıyı başka zamanda kullanabilirsiniz.

Not 3:

Suyu bahçeye ya da saksınıza dökün.

Yeniayda "Çoktan Oldu Bile" Panosu Hazırlamak

Bu panoya çeşitli dergilerden kestiğiniz fotoğrafları koyabilir, dileklerinizi resim şeklinde kendiniz çizebilir, yazı yazabilirsiniz, etiketler koyabilir, boyamalar yapabilirsiniz. Yani bu sizin panonuz, kalbinize göre yerleşim yapacaksınız.

Panoyu doldurmaya başlamadan önce çalışma yapacağınız odada bir kâsenin içinde adaçayı tütsüsü yakın ve kâseyi panonun üzerinden soldan sağa doğru daire şeklinde üç kere gezdirin. "Dileklerimin üzerindeki tüm negatif etkileri arındırdım, arındırdım, arındırdım" deyin.

Sizi rahatlatacak bir meditasyon müziği koyun. Üç tane mavi mum yakın ve panoyu doldurmanız bitene kadar mumlar yanık kalsın. Dileklerinizi yazmak için büyük bir mavi karton alın ve kartonun üstüne "Çoktan oldu bile" yazın.

Gözlerinizi kapatın, burnunuzdan üç kere nefes alıp verin ve şu sözleri tekrarlayın: "Çoktan oldu bile, panoma koyduğum tüm dilekler çoktan oldu bile. Sevgili Allahım her an yanımda beni koruyor, gözetiyor ve dileklerimi hızlıca neşeyle, sevgiyle ve sağlıkla gerçekleştirmeme yardımcı oluyor. Çok şükür tüm dileklerim çoktan oldu bile."

Sonra dileklerinizi keserek-biçerek-boyayarak panonuzu doldurmaya başlayın. Panonuzu doldurmanız bitince onu her zaman görebileceğiniz bir yere asın. Ve her panoyu gördüğünüzde "Çoktan oldu bile" deyin.

Olan dileklerinizi panodan keserek toprağa gömün.

Her yeniayda panonuzu tekrar yapın ki enerji tazelensin.

Parolamız: *"Çoktan oldu bile..."*

Yeniayda Dilekleri Suya Söyle Ritüeli

Bu ritüel için aşağıdaki adımları sırasıyla takip ediyorsunuz:

1) Cam bir sürahi alıyor ve içini suyla dolduruyorsunuz. Üzerine kırmızı bir kapak veya fiyonk koyuyorsunuz.

2) Sürahinin istediğiniz bölgelerine uğurböceği, nazar boncuğu ve gülen surat etiketi yapıştırıyorsunuz.

3) Sarı kâğıdın iki tarafına "Seni seviyorum" yazıp sürahinin üzerine yapıştırıyorsunuz.

4) Başka bir sarı kâğıdın iki tarafına "Sen çok değerlisin" yazıyor ve sürahinin üzerine yapıştırıyorsunuz.

5) Üçüncü sarı kâğıdın her iki tarafına "Seninle gurur duyuyorum" yazıyor ve sürahinin üzerine yapıştırıyorsunuz.

6) Şimdi dileklerinizi sarı kâğıdın tek tarafına yazıyor ve yazıyı sürahinin üstüne yapıştırıyorsunuz.

7) Sürahiyi gece varsa balkonumuzda bırakıyorsunuz, yoksa pencerenin önüne bırakıyorsunuz ve ertesi gün sabahtan itibaren yedi gün boyunca içiyorsunuz.

Dilekleriniz kabul olsun inşallah.

Not 1: Sürahideki su yarıya yaklaşınca suyu tekrar doldurun ki (evde kullandığınız içme suyuyla) yedi gün boyunca içebilesiniz.

Not 2: Dilek kâğıdını ve sürahiye yapıştırdığınız etiketleri yedinci günün sonunda toprağa gömüyorsunuz.

Yeniayda Dilekleri Uçurtmayla Dalgalandır Ritüeli

Bu ritüeli evinizin balkonunda (eğer balkonda bitkiniz varsa) ya da parkta yapabilirsiniz.

Malzemeler

Mavi bir karton

Mavi kalem

Makas

Kare kesilmiş küçük renkli bezler

Uçurtmayı dala asmak için beyaz kalın ip

Bir şişe su

Dikiş iğnesi ve ipliği

Uçurtma süsü

Yapılışı

Öncelikle en az yedi adet kare şeklinde küçük bezler kesin. Bezlerin üzerine dileklerinizi yazın ya da şekillerle ifade edin. Dileklerinizi yazarken şu sözleri tekrarlayın: "Benim bütünün ve ilgili herkesin hayrına yazdığım dileklerimin hızlıca, kolayca, neşeyle, sevgiyle ve sağlıkla hayatıma girmesini seçiyorum. Hayatıma girmesini seçiyorum. Hayatıma girmesini seçiyorum."

Uçurtmayı asmak için kullanacağınız kalın ipe dileklerinizi yazdığınız bezleri dikin. Uçurtmanızın ucunu kafanıza göre süsleyin, uçurtmayı ihtişamlı hale getirin. Parka gidin ve uçurtmayı seçtiğiniz bir ağaca bağlarken "Dileklerim hayatıma çoktan girdi bile, çoktan girdi bile, çoktan girdi bile. Şükürler olsun" deyin.

Yanınıza aldığınız su şişesinden yedi yudum suyu seçtiğiniz ağaca dökün.

Not 1: Uçurtmayı ağaçta bırakıp evinize dönün. Ne oldu biri mi aldı, yere mi düştü diye takılmayın. Her şeyi akışına bırakın.

Yeniayda Suya Okunacak Olumlamalar

Yeniaylar büyütmek istediğimiz duygu ve düşünceleri hayatımıza katmamız için iyi bir zamandır.

Aşağıda aşkla, ilişkilerle, bolluk bereketle, kendini sevme gibi konularla ilgili olumlama örnekleri verdim. Bunları örnek alarak siz de kendi olumlamalarınızı yazabilirsiniz.

Dikkat etmeniz gereken şey olumlamalarınızın pozitif ifadeler taşıması ve geçmiş zamanda olmaması.

Bolluk Bereketle İlgili:

✓ Bana her türlü hayırlı kaynaktan bolluk ve bereket akıyor.
✓ Bolluk ve bereketi hak ediyorum.
✓ Parayı seviyorum.
✓ Para bana her türlü hayırlı kaynaktan akıyor.
✓ Her türlü iş kapısı önümde açılıyor.
✓ Zenginliği hak ediyorum.
✓ Parasal olarak özgürüm.
✓ Zengin olmak iyi bir şey.
✓ Gelirim sürekli olarak artıyor.
✓ Kendi işimi yapmayı hak ediyorum.
✓ İhtiyacım olandan çok daha fazla param var.
✓ Sevdiğim işi yapıyorum ve harika bir gelirim var.

✓ Ailem ve arkadaşlarımla vakit geçirdiğim iki katlı, şömineli, bahçeli harika bir evim var. Evin üç yatak odası, iki banyosu var. Yüksek tavanlı bu evde dilediğim seminerleri rahatlıkla verebiliyorum.

Kendinizle İlgili:

✓ Her şeyin üstesinden gelebilirim ve her şeyi halledebilirim.

✓ Enerji ve neşeyle doluyum.

✓ Ben yetenekliyim.

✓ Sakinim, huzurluyum ve dinginim.

✓ Her gün bana mükemmel fırsatlar getiriyor.

✓ Kendimi affediyorum.

✓ Geçmişi affediyor ve bırakıyorum.

✓ Ben yeterliyim.

✓ Duygularımı kolaylıkla ve rahatlıkla ifade ediyorum.

✓ Güçlüyüm.

✓ Şanslıyım.

✓ Sağlıklıyım ve mutluyum.

✓ Bütün hayırlı kapılar önümde açılıyor.

✓ Hayatın bütün mutluluklarını yaşamaya istekliyim.

✓ Ben güvendeyim.

✓ Kendimi seviyorum.

✓ Ben çok özelim.

✓ Ben harikayım.

✓ Ben kendime güveniyorum.

✓ Ben her şeyin en iyisini hak ediyorum.

✓ Ben harikayım ve hayatım mutluluk kaynağı.

✓ Kendimi onaylıyorum.

- ✓ Hayatın akışına güveniyorum.
- ✓ Kendimle ve hayatla barıştım.
- ✓ Kendime saygı duyuyorum.
- ✓ İyi bir yaşamı hak ediyorum.
- ✓ Huzurlu, güvenli ve rahat bir yaşamım var.
- ✓ Kendimi seviyor ve kabul ediyorum.
- ✓ Hayatıma güzellikler girmesine izin veriyorum.
- ✓ Kolaylıkla değişiklikler yapabiliyorum.
- ✓ Şimdide yaşıyorum.
- ✓ Ben kendimi ve herkesi affediyorum.
- ✓ Mucizeleri hak ediyorum.
- ✓ Affediyorum ve kendimi özgür bırakıyorum

Aşkla İlgili:

- ✓ Harika bir birliktelik yaşıyorum.
- ✓ Hayatıma aşkın girmesine izin veriyorum.
- ✓ Hayat arkadaşımla beraber sağlıklı, huzurlu, neşeli bir beraberlik yaşamayı hak ediyorum.
- ✓ Aşka inancım tam.
- ✓ Mutlu bir beraberliği (evliliği) hak ediyorum.
- ✓ Sevilmeye değerim.
- ✓ Seviyor, seviliyorum ve aşkı hak ediyorum.
- ✓ Kalbimin kapısı sonuna kadar açık.
- ✓ Ben güvendeyim.
- ✓ Ben ve sevdiklerim güvende.
- ✓ Aşkı seçiyorum.
- ✓ Beni mutlu eden bir aşkı yaşamayı hak ediyorum.

Sağlıkla İlgili:

✓ Her hücrem güçlü ve sağlıklı.
✓ Bedenim güçlü ve sağlıklı.
✓ Tüm organlarım sağlıklı.
✓ Bağışıklık sistemim güçlü ve sağlıklı.
✓ Ben canlı ve hayat doluyum.
✓ Sağlıklı olmama izin veriyorum.
✓ İyileşmem için uygun her tedavi bana kolaylıkla gelir.
✓ Hızlıca ve kolaylıkla iyileşirim.
✓ İyileşmek benim hakkım.

Evet yukarda bol bol olumlama cümleleri okudunuz. Artık kendi olumlama cümlelerinizi de kolaylıkla kurabileceğinize inanıyorum.

Yeniayda Suya Olumlama Okuma Ritüeli

Şimdi suya okumak istediğiniz olumlamaları bir kâğıda yazın. Kâğıdı gece yastığınızın altına koyun ve bir gece bu şekilde uyuyun.

Ertesi sabah bir bardak su alın ve kâğıda yazdığınız olumlamaları suya üç kere okuyun. Bardağınızı pencerenin (odanın iç tarafı) kenarına koyun ve bir tam gün ve gece orada (gece yeniay ışığını içine alsın) bekletin.

Sabahleyin olumlamaları yazdığınız kâğıdı "Çoktan oldu bile" diyerek toprağa gömün.

Sabah bir bardak suyu "Çoktan oldu bile" diyerek için.

Not 1: Yeniay süresince dilediğiniz kadar yapabilirsiniz.

Not 2: Her seferinde aynı ya da değişik olumlamaları kullanabilirsiniz.

Yeniayda Gittiğin Her Yerde Sultanlar Gibi Karşılan Ritüeli

Malzemeler

Pembe karton

Bir bardak su

Sevdiğiniz bir kolye

Çörekotu

Lavanta

Pembe çiçekler (bulamazsanız kâğıda çizip boyarsınız)

Yapılışı

Gün içinde uygun bir zamanda ritüel alanını oluşturuyorsunuz. Ritüel alanını oluşturmak için adımlar şöyle:

Pembe kartonun ortasına bir bardak su ve içine sevdiğiniz kolyeyi koyuyorsunuz.

Fotoğrafta görüldüğü gibi çörekotlarını yuvarlak yaparak kartonun üzerine serpiyorsunuz.

Çörekotlarının üzerine lavantaları serpiyorsunuz.

Pembe çiçekleri çörekotları ve lavantaların üzerine koyuyorsunuz ve üç tane pembe çiçekle yuvarlağı bitiriyorsunuz.

Akşam 19.00-22.00 arası en sevdiğiniz kolyeyi iki avucunuzun içine alıp şu sözleri söylüyorsunuz: "Seni taktığım sürece her gittiğim yerde sultanlar gibi karşılanacağımı, bana şans, bolluk ve bereket getireceğini biliyor ve sana teşekkür ediyorum." Sonra takımızı bardaktaki suya geri bırakıyoruz.

Akşam 19.00-22.00 arası yuvarlağın en sonundaki üç pembe çiçeği avuçlarınızın arasına alıyorsunuz ve şu sözleri söylüyorsunuz: "Allah'ın izniyle sırasıyla üç dilek diliyorum (dileklerinizi dileyin) ve olması için üç gün içinde ya toprağa gömeceğim ya da denize savuracağım. Bütünün ve benim en yüksek hayrıma dileklerim kabul oldu, kabul oldu, kabul oldu."

Üç gün içinde takınızı takın ve ayın sonuna kadar hiç çıkarmayın. Takınızı takarken "Bundan sonra her gittiğim yerde sultanlar gibi karşılanıyorum" deyin.

Üç gün içinde tüm malzemeleri ya toprağa gömün ya da denize savurun. Dileklerinizi temsil eden üç çiçeği gömer ya da savururken "Dileklerim çoktan kabul oldu, dileklerim çoktan kabul oldu, dileklerim çoktan kabul oldu" deyin.

Şifa olsun...

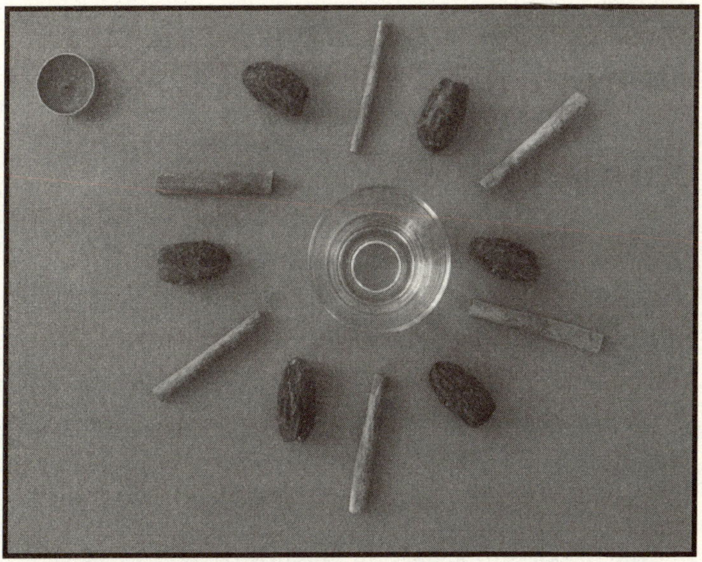

Yeniayda Çubuk Tarçınla Dilek Dile Ritüeli

Malzemeler

1 bardak su

6 adet hurma

6 adet çubuk tarçın

1 kaşık bal

1 kurşunkalem

1 kırmızı mum (mumun altına koymak için altlık)

Kırmızı karton

Yapılışı

Yeniayın ilk günü size uygun bir saatte ritüel alanını fotoğraftaki gibi oluşturuyorsunuz.

Akşam dokuzdan sonra ritüel alanına gidiyorsunuz ve mumu yakıyorsunuz.

Çubuk tarçınların üzerine kurşunkalemle istediğiniz sırada dileklerinizi yazıyorsunuz (aşk, bolluk, bereket, sağlık vs.).

Dileklerinizi yazmanız bittikten sonra "Bütün niyet ettiğim dileklerim çoktan kabul oldu, çoktan kabul oldu, çoktan kabul oldu" diyorsunuz ve mum sönene kadar bekliyorsunuz.

Ertesi gün size uygun bir vakitte tarçınları suyun içine koyuyor ve üç gün beklettikten sonra içine bir kaşık bal koyup üç yudum içiyorsunuz. İçerken "Bütün dileklerim çoktan oldu bile" diyorsunuz. Kalan suyu size yakın bir parka götürüp ağaç dibine döküyorsunuz.

Eve dönerken hurmaları çocuklara dağıtıyorsunuz.

Tüm dilekleriniz kabul olsun inşallah...

Not 1: Bu ritüeli her ayın ilk yeniay haftasında yapabilirsiniz.

Not 2: Evet karton ve mum kırmızı olacak.

Not 3: Kartonu bir sonraki ritüel için saklayabilirsiniz.

Not 4: Mumdan artakalanları toprağa gömebilirsiniz.

Yeniayda Bizden Başlayarak
Güzelliklerin Etrafa Yayılması Ritüeli

Yeniay enerjilerini kullanarak dileklerimizi dileyip Allah'tan kabul etmesini rica edeceğiz.

Malzemeler

Nazar boncuğu, gülen surat, kalp ve uğurböceği etiketleri

Pirinç

Nohut

3 adet mor mum (mumların altına koymak için üç adet altlık)

Mor karton

Kâse

3 adet bozuk para

Gülsuyu

Sevdiğiniz bir takı

Yapılışı

Yeniayın ilk üç günü içinde, size uyan bir zamanda, ritüel alanını fotoğraftaki gibi hazırlayın. Kâsenin üzerine dilediğiniz kadar uğurböceği, gülen surat, nazar boncuğu ve kalp etiketi yapıştırın.

Kâsenin içine pirinç, su ve gülsuyu koyun, üç adet bozuk para atın ve üzerine de sevdiğiniz takıyı yerleştirin.

Ritüel alanını hazırladığınız günün akşamı saat dokuzdan sonra istediğiniz bir zaman mumları yakın. Tam gece yarısında (00:00) sevdiğiniz takıyı sol elinize alın ve şu sözleri tekrarlayın: "Allah'ın izniyle hayatıma aşk, para, bolluk, bereket, sağlık ve iş kapılarının açılmasına niyet ediyorum. Benden başlayarak tüm güzellikler etrafıma yayılsın. Ve öyle de oldu. Ve öyle de oldu. Ve öyle de oldu."

Arkasından üç tane dileğinizi yine uğurlu takınız sol elinizdeyken yüksek sesle söyleyin, "Ve öyle de oldu" diyerek cümlelerinizi bitirin.

Üç gün boyunca kâseye üç kere (dilediğiniz kadar ve dilediğiniz zaman) bozuk para atın ve ritüel alanını bozmayın.

Dördüncü gün nohutları pişirin ve ev halkı, konu komşu, eş dostla bir güzel yiyin.

Dördüncü gün kâsedeki paraları sadaka olarak istediğiniz birine verin.

Dördüncü gün kâsedeki pirinçleri toprağa gömün.

Dördüncü gün istediğiniz bir zaman sol elinizi kullanarak takınızı takın. Ve takarken "Tüm dileklerim hızlıca, kolayca ve çabucak oldu" deyin. Takınız yedi gün boyunca üstünüzde kalsın.

Not 1: Evet mumlar mor olmalı ve evet karton mor olmalı.

Not 2: Kâseye istediğiniz kadar para atabilirsiniz.

Not 3: Kâsenin şekli ve rengi önemli değil.

Not 4: Takınızı daha sonra tabii ki kullanabilirsiniz.

Not 5: Mor kartonu bir başka ritüel için saklayın.

Şifa olsun...

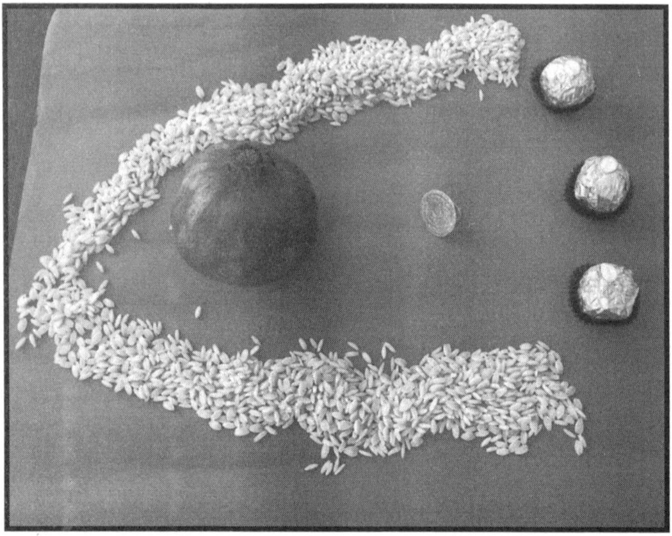

Yeniayda Gökyüzünden Hayatımıza Bolluk, Bereket, Aşk, Başarı, Sağlık Akması İçin Ritüel

Yeniaylar gökyüzünden şans, bereket, bolluk, aşk ve başarı dilemek için çok uygun.

Haydi hayatlarımıza aşk, bolluk, bereket, para, sağlık akıtalım.

Malzemeler

Nar

3 adet çikolata

Arpa şehriye

Sevdiğiniz bir yüzük (ya da herhangi bir takı)

Kırmızı karton

Yapılışı

Yeniayda akşam dokuzdan sonra kırmızı kartonun üzerine arpa şehriyeyi, yüzüğü ve üç adet çikolatayı şekildeki gibi yerleştiriyorsunuz.

Gece size uyan bir vakitte kartonun yanında ayakta duruyorsunuz ve yüzüğü sol avucunuzun içine alıp şu sözleri üç kez tekrar ediyorsunuz: "Allah'ın izniyle evime, işime, hayatıma, sevdiklerime bolluk, bereket, aşk, başarı, sağlık ve neşe aktı. Gönlümdeki dilekler hayatıma aktı ve ben çok mutlu ve şanslıyım. Çok şükür."

Yüzüğü kartondaki yerine geri koyuyorsunuz ve ertesi gün size uyan bir zamanda çikolataları üç ayrı çocuğa veriyorsunuz. Arpa şehriyeli pilav yapıp komşulara dağıtıyorsunuz, narı yiyorsunuz ve yüzüğü yedi gün parmağınıza takıyorsunuz.

Yüzüğü parmağınıza takarken "Gönlümdeki dilekler, şans, bolluk, bereket, aşk, başarı hayatıma aktı, hayatıma aktı, hayatıma aktı" diyorsunuz.

Şifa olsun...

Not 1: 7 gün sonra yüzüğü yıkayıp istediğinizde tekrar kullanabilirsiniz.

Not 2: Kartonu başka bir ritüel için saklayabilirsiniz.

Not 3: Evet karton kırmızı olmalı.

Dolunay Zamanının Önemi, Meditasyonlar ve Ritüeller

Dolunay zamanı ayın gökyüzünde tam yuvarlak şeklini aldığı zamanlardır. Bu enerji de bize tamamlanmalar, bitişler, arınmalar, fazlalıklardan kurtulmalar, temizlenme çalışmaları için yardım eder.

Dolunayın etkisi beş gün önce başlar ve on gün sonrasına kadar devam eder. Bu on beş günlük süre boyunca aşağıdaki meditasyon ve ritüellerden istediğiniz birini veya hepsini yapabilirsiniz.

Ayrıca birinci bölümde bahsettiğim aşağıdaki ritüelleri de dolunay zamanları yapabilirsiniz:

1) Evi Sirke+ Su+Tuz ile Negatif Enerjilerden Arındırma Ritüeli

2) Hayatımızdaki Düğümlenmiş Sorunları Çözme Ritüeli

3) Stresi Dönüştürme Ritüeli

4) Geçmişin Yüklerini Yakma ve "Oh be!" Çalışması

Dolunayda Kapalı Kapılarınızı Açın Ritüeli

Bazen işlerimiz olacak gibi olur ama son anda olmaz. Sanki işlerimizin olmasını engelleyen negatif enerjiler vardır. İşte dolunaylar da olmazı olura çevirmek için çok etkilidir (tabii ki her şey Allah isterse olur, bunlar sadece vesile ritüelleri).

Malzemeler

Üç adet deniz kabuğu

Bir bardak su

Elma sirkesi

Bir adet anahtar kolye ucu (ya da sevdiğiniz bir kolye ucu)

Yapılışı

Akşam dokuzdan sabah üçe kadar yapabileceğiniz bu ritüel için evin sakin bir köşesine üç adet deniz kabuğunu fotoğraftaki gibi yerleştirin. Ortasına da dolu bir bardak su koyun.

İçine birkaç damla elma sirkesi dökün ve suyun içine anahtar kolye ucunu (sevdiğiniz bir kolye ucu da olabilir) koyarken şunları üç kez söyleyin: "Şimdiye kadar kapalı kapılarım, çözümsüz işlerim ve tıkanıklıklarım vardı. Olumsuz sözler ve enerjiler beni çevrelemişti. Şimdi hepsiyle olan bağlarımı kesiyorum, kesiyorum, kesiyorum. Bu kolye ucunu boynuma takınca tüm hayırlı kapılar önümde açılacak. Tüm işlerim hayra dönecek. Her işim su gibi kolaylıkla akacak. Şansım açılacak. Ve çoktan öyle oldu bile. Çok şükür."

Ritüel alanını sabaha kadar bozmayın. Sabah bardaktaki suyu lavaboya dökün. Deniz kabuklarını denize atın. Ve kolye ucunu da üç gün boyunca takın.

Not 1: Deniz kabuğu bulamıyorsanız deniz kabuğu fotoğrafı da kullanabilirsiniz.

Not 2: Deniz olmayan yerde deniz kabuklarını toprağa gömebilirsiniz.

Dolunayda Evin Negatif Enerjisini Ametist Taşıyla Temizle Ritüeli

Evin enerjisini temizlemek için ametist taşından faydalanacağız. Doğal taş mağazasına gidin ve size hitap eden bir ametist taşı satın alın ve bir gece toprakta bekletin.

Dolunay zamanı (akşam dokuzdan sonra) salona su dolu mavi bir kâsenin içine ametist taşını koyun. Ametist taşını koyarken şu sözleri tekrarlayın: "Bu taşın evdeki tüm negatif enerjileri, olumsuz konuşma ve anıları üstüne çekmesine niyet ediyorum."

Dolunayın etkisinin devam ettiği beş gece boyunca kâsenin başına geçin, "Bu taşın evdeki tüm negatif enerjileri, olumsuz konuşma ve anıları üstüne çekmesine niyet ediyorum" deyin.

Ritüele başladığınızın altıncı günün sabahı size en yakın toprağa ametist taşını gömün ve üstüne kabın içindeki suyu boşaltırken şu sözleri söyleyin: "Evim, ben ve düşüncelerim arındık çok şükür."

Eve gelince mavi kabı sirkeli soğuk suyla yıkayın ve her dolunay bu ritüeli tekrarlayın. Şifa olsun...

Dolunayda Defne Yaprağı Yakma Ritüeli

Dolunayda evde defne yaprağı yakarsanız eve ferahlık gelir. Sağlık gelir. Huzur ve mutluluk gelir. Bunu nasıl yapacağım diyorsanız gerekli malzemeler şöyle:

Malzemeler

Birkaç tane defne yaprağı
Kibrit
Yanmaz bir kâse
Yeşil kese

Yapılışı

Evin en çok kullanılan odasına geçin ve sizi rahatlatan bir müzik koyun. Defne yapraklarını elinize alın, "Bu evi ve evde yaşayanları arındırmanı ve evin halkına sağlık, bolluk, bereket getirmeni seçiyorum. Ve öyle de oldu" deyip tütsü şeklinde yakıp kâsenizin içine koyun.

Tüm ev halkının sırasıyla başının üzerinden kâseyi üç kez soldan sağa çevirin ve "Tüm kem gözler yandı tutuştu, yandı tutuştu, yandı tutuştu" deyin. Tütsü şeklinde yakmış olduğunuz bir tutam defne yaprağı külünü ve birkaç adet taze defne yaprağını yeşil kese içinde yastığınızın altına koyun ve sizin için önemli bir konuda haberci rüya görmeye niyet edin. Üç gece defne yapraklarından oluşturduğunuz bu yeşil keseyle uyuyun.

Dolunayda Anka Kuşu Ritüeli

Dolunay zamanları bitişleri ve sonlanmaları sembolize eder. Biz de kendimize olan kırgınlık ve kızgınlıklarımızdan kurtulmak için "Anka kuşu ritüelini" yapacağız.

Öncelikle sessiz bir yere geçin. Bu ritüeli yapmak için üstünüze sarı bir şey giyin ya da takın. Rahat ettiğiniz bir pozisyonda oturun. Önünüze sarı bir mum koyun ve yakın. Mumun sağ tarafına Anka kuşu fotoğrafı koyun.

Burnunuzdan yedi kere derin nefes alıp verin ve iyice gevşediğinizi hissettiğinizde şu cümleleri muma doğru söylemeye başlayın: "Ruhumdaki, bedenimdeki ve zihnimdeki bütün olumsuz duygu ve düşünceleri bu mumun ışığında yok ediyorum. Beni aşağı çeken geçmişimden getirdiğim tüm kırgınlık ve kızgınlıklarımı bu mumun ışığında yok ediyorum. Bilinçaltımdan geçen fark etmediğim ve beni engelleyen tüm kalıplarımı bu mumun ışığında yok ediyorum." Ve mumu söndürün.

Şimdi Anka kuşunun fotoğrafını sol avucunuzun içine alın gözlerinizi kapayın. Anka kuşunun sırtına bindiğinizi ve yukardan aşağıya sarı ışıkla yıkandığınızı imgelerken şu cümleleri üç kez tekrarlayın: "Ben Anka kuşu gibi küllerimden tekrar doğdum ve içimi saf sevgiyle doldurdum. Tekrar kanatlandım ve hayata tam ve bütün olarak katılmaya hazırım. Çok şükür."

Burnunuzdan tekrar yedi kez derin nefes alıp verin ve hazır olduğunuzda gözlerinizi açın.

Not 1: Mum mutlaka sarı olmalı.

Not 2: Bu ritüeli gözünüz kapalı yapacağınız yerler olduğu için kendi sesinizle kaydedin ve adımları o şekilde yapın.

Not 3: Üç gün boyunca üstünüzde sarı bir şey bulundurun.

Not 4: Üç sabah boyunca üç kere "Anka kuşu gibi küllerimden doğdum" diye tekrarlayın.

Not 5: Bu ritüel dolunaydan beş gün öncesinden yapılmaya başlanabilir.

Not 6: Bu ritüel dolunaydan sonraki beş gün boyunca yapılmaya devam edilebilir.

Dolunayda Kızgınlıkları Serbest Bırak Meditasyonu

Bu güzel dolunay gecesinde serbest bırakma meditasyonu yapalım. Ve yeni güzel başlangıçlara yer açalım.

Rahatça yatağınıza uzanın ve güzel bir meditasyon müziği açın. Mumlarınızı ve tütsünüzü yakın ve 15 dakikayı kendinize ayırın. Burnunuzdan yedi kere nefes alıp ağzınızdan verin.

Kızgın olduğunuz kişiyi ya da konuyu düşünmeye başlayın. Ve arkasından kızdığınız kişiyi ve konuyu serbest bırakmaya niyet edin. Gözlerinizi kapatarak şu sözleri tekrar edin: "Bu konuyu/kişiyi artık serbest bırakıyorum. Artık ben de özgürüm. O da özgür. Tüm öğrendiklerim için teşekkür ediyorum. Artık ben de özgürüm. O da özgür."

Elinize sarı bir ışın kılıcı alıp olayla ya da kişiyle olan bağlarınızı kestiğinizi imgelerken şu sözleri tekrarlayın: "Aramızdaki tüm bağları kesiyorum. Aramızdaki tüm bağları kesiyorum. Ve aramızdaki tüm bağları kesiyorum."

Ve tekrar burnunuzdan nefes alıp ağzınızdan nefes vermeye devam edin (en az yedi kez) ve hazır olduğunuzda gözlerinizi açın.

Hazır olduğunuzda içinizde kalan son kızgınlık ve kırgınlıkları da temizlemek için duşa girin ve duşta şu sözleri tekrarlayın: "İçimdeki tüm öfkeyi, kızgınlığı bu duşla beraber temizliyorum, temizliyorum ve temizliyorum ve hayatıma mucizelerin girmesine niyet ediyorum."

Şifa olsun...

Dolunayda Topraklan Ritüeli

Dolunay zamanları geçmiş zaman kırgınlıklarından arınmak için çok iyi zamanlardır. Ben de sizinle içimizdeki tüm olumsuz duyguları topraklamak için bir ritüel paylaşmak istiyorum.

Bunun için yanınıza bir şişe su alın ve size en yakın parka ya da bahçeye gidin. Parka gittiğinizde şöyle bir dolaşın ve size seslenen bir ağacı hissedin ve onun yanına yerleşin. Beş on dakika ağacın yanına oturup çevreyi seyredin, sonra ayağa kalkın. Mümkünse ayakkabılarınızı çıkarın ve yere çıplak ayakla basın.

Ayakta dururken iki elinizi kalbinizin üzerine koyun ve şu sözleri üç kez tekrarlayın: "Geçmişe ait tüm kırgınlık, öfke, nefret, kin, aldatılma, acı, yalnızlık ve terk edilme duygularını serbest bırakmayı seçiyorum, serbest bırakmayı seçiyorum, serbest bırakmayı seçiyorum."

Ellerinizi kalbinizden yüzünüze, oradan kafanıza götürün. Sonra kafanızdan omuzlarınıza ve ayaklarınıza kadar tüm bedeninizden toprağa doğru süpürün ve "Tüm ağırlıklarımdan kurtuldum, tüm ağırlıklarımdan kurtuldum ve tüm ağırlıklarımdan kurtuldum çok şükür" deyin. Ve bu toprağa doğru süpürme hareketini üç kere yapın.

Yanınızda getirdiğiniz suyla ellerinizi yıkayın ve geri kalan suyu "İçimi saf sevgiyle dolduruyorum" diyerek sonuna kadar için.

Eve dönüşte bir çocuğu sevindirin.

Şifa olsun...

Dolunayda Yolunuzu Tıkayan Karmik Anlaşmaları İptal Etme Ritüeli

Geçmiş hayatlarınızdan, atalarınızdan ya da bu hayattan getirdiğiniz karmik anlaşmalarınızı iptal etmek için bir ritüel paylaşmak istiyorum.

Bu fotoğrafa baktığınızda hangi şekli görüyorsanız onunla ilgili uygulamayı yapmanız gerekmektedir. Bu fotoğrafa baktığınızda kadın mı, çiçek mi, yoksa arp mı görüyorsunuz?

Eğer kadın görüyorsanız: Atalarınızdan özellikle anne tarafından getirdiğiniz karmik sözleşmeleriniz var. Ve bunlar sizin hayatta istediğiniz yola sapmanıza blokajlar oluşturuyor.

Bu akşam bir bardak su alın ve "Atalarımdan getirdiğim, artık işime yaramayan tüm karmik sözleşmeleri iptal ediyorum, iptal ediyorum, iptal ediyorum" deyin ve sudan üç yudum için.

Bu ritüeli beş gün boyunca tekrarlayın. Yolunuzun açıldığını fark edeceksiniz.

Eğer çiçek görüyorsanız: Geçmiş yaşamlarınızdan getirdiğiniz ve sizi geride tutan anlaşmalarınız var demektir. Ve bu anlaşmalar istemediğiniz kararlar almanıza sebep oluyor.

Bu gece bir bardak su alın ve "Geçmiş yaşamlarımdan getirdiğim ve artık işime yaramayan tüm anlaşmalarımı iptal ediyorum, iptal ediyorum ve iptal ediyorum" deyin ve sudan üç yudum için. Bu ritüeli üç gün boyunca tekrarlayın. Yolunuzun açıldığını fark edeceksiniz.

Eğer arp görüyorsanız: Bu hayatta bilinçaltınıza kaydettiğiniz olumsuz anıların etkisinde olduğunuzu gösterir. Bu da hayatınızda tıkanıklıklar yaşamanıza sebep olur. Bu gece bir bardak su alın ve "Hayatımda tıkanıklıklara sebep olan tüm bilinçaltı kayıtlarımı iptal ediyorum, iptal ediyorum ve iptal ediyorum" deyin ve sudan üç yudum için. Ve bu ritüeli yedi gün boyunca tekrar edin. Yolunuzun açıldığını fark edeceksiniz.

Şifa olsun...

Not 1: Bardakta kalan suyu saksıya dökün.

Not 2: Üç şekli de gördüyseniz üç ritüeli de yapın.

Dolunayda Kem Gözden Arınma Ritüeli

Dolunay gecesi mutfakta üç tane kırmızı mum yakın. Ve şu sözleri tekrarlayın: "Evimde, işimde, eşimde, rızkımda kimlerin gözü varsa bu mumum alevinde olumsuz niyetleri yansın yok olsun. Yansın yok olsun. Yansın yok olsun."

Ayrıca ocağın üstünde karanfil ve tuz yakın ve şu sözleri tekrarlayın: "Evimde, işimde, eşimde, rızkımda kimlerin gözü varsa bu karanfil ve tuz gibi tüm niyetleri çatlasın, patlasın, yok olsun. Çatlasın, patlasın, yok olsun. Çatlasın, patlasın, yok olsun."

Ertesi gün üç tane yetim çocuğu sevindirin.

Not 1: Mumların kendi kendilerine bitmesi gerekiyor. O yüzden küçük mum yakın. Tealight olabilir.

Not 2: Mumların altına ısıya dayanıklı altlık koyun.

Not 3: Mumdan kalanları ertesi gün evin dışında toprağa gömün.

Not 4: Karanfil ve tuzdan kalanları ertesi gün evin dışında toprağa gömün.

Dolunayda Evimizi ve Cüzdanımızı Adaçayıyla Arındırma Ritüelleri

Dolunay zamanları en iyi arınma, bırakma, ağırlıklardan kurtulma ve serbest kalma zamanlarıdır. Dolunayın etkilerini dolunay başlamadan beş gün önce hissetmeye başlarız ve dolunay bittikten sonra beş gün daha devam eder. Yani her dolunay zamanı 10 gün arınma çalışmaları için çok uygundur. İlk olarak üstümüzde ve evimizde birikmiş negatif enerjilerden arınalım.

Adaçayıyla Evimizi Negatif Enerjiden Arındırma Ritüeli:

Elimize ateşten etkilenmeyecek bir çanak alıyor ve içini adaçayıyla dolduruyoruz. Bir kibritle adaçaylarından bir tutamını yakıp koku keskin olmasın diye hemen söndürüyoruz. Malum adaçayının kokusu çok keskindir rahatsız olabiliriz. Çanaktaki adaçayından ince bir duman çıkarken evin en çok kullandığımız odasına geliyoruz. Çanağı sol elle tutarken odayı yavaşça soldan sağa gezerek tütsülüyoruz. Bunu yaparken şu sözleri tekrar ediyoruz: "Evimin, odamın, benim, kötü enerjilerden arınmasına, temizlenmesine niyet ediyorum. Evimin, odamın, benim, ağırlık ve yüklerimden kurtulmasına niyet ediyorum."

Odayı soldan sağa dönmeyi bitirince tütsü çanağını hâlâ sol elle tutmaya devam ediyoruz ve başımızın üzerinde soldan sağa çevirirken şu sözleri söylüyoruz: "Bedenimdeki, ruhumdaki, düşüncelerimdeki tüm olumsuzluklardan serbest kalmaya niyet ediyorum." Ve ritüeli tamamlıyoruz. Kalan adaçaylarını bir sonraki ritüel için saklıyoruz.

Adaçayıyla Cüzdanımızı Negatif Enerjiden Koruma Ritüeli:

Dolunay zamanları cüzdanımıza, bolluk bereketimize negatif bakış atmış kişilerin enerjisinden de arınma zamanıdır.

Yukardaki yazıdaki adaçayı tütsü tabağını alıyoruz ve adaçayının bir tutamı yanarken önce para çantamızın, sonra da cüzdanımızın üzerinde soldan sağa üç kere çeviriyoruz ve şu sözleri tekrarlıyoruz: "Bereketimin, bolluğumun üzerindeki tüm ağırlıkları temizliyor ve dönüştürüyorum. Bereketimin, bolluğumun üzerindeki tüm ağırlıkları temizliyor ve dönüştürüyorum. Bereketimin, bolluğumun üzerindeki tüm ağırlıkları temizliyor ve dönüştürüyorum. Hayatıma her türlü hayırlı kaynaktan bolluk ve bereket akmasını seçiyorum, seçiyorum, seçiyorum."

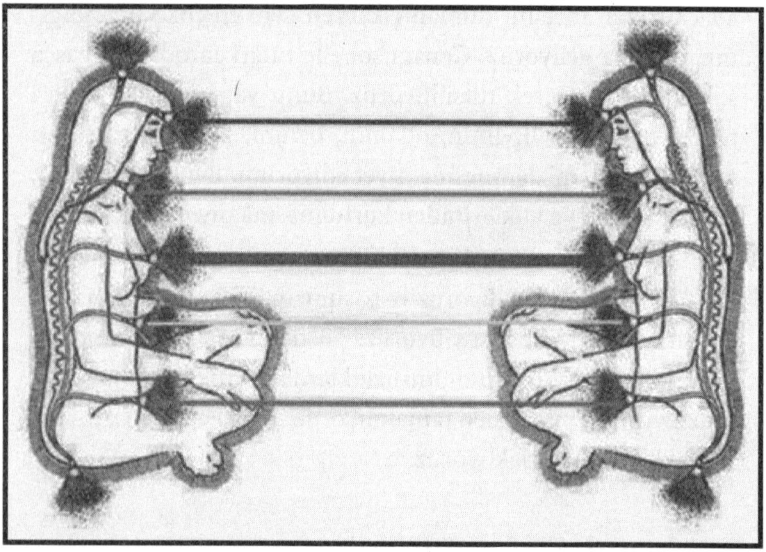

Dolunayda Geçmişte Bıraktığımız Parçacıkları Toplama Ritüeli:

Geçmişte birine kızdıysanız, küstüyseniz, kavga ettiyseniz o kişiyle olan olumsuz enerji bağınız devam eder. Bu da sizden enerji çalar.

Yine geçmişte size utanç veren, aşağılayan bir olay yaşadıysanız hem olayla hem de kişiyle olumsuz enerji bağlarınız devam eder ve enerjiniz sürekli aşağıda kalır. Aynı olayları tekrar tekrar kendinize çekmeye ve yaşamaya devam edersiniz.

Sizler bu kişileri düşündükçe ruhunuzdan sürekli olarak küçük parçaları onlara göndermiş olursunuz. Bir türlü "tam ve bütün" olamazsınız. Bir türlü sağlıklı ve mutlu olamazsınız. Çünkü gücünüzü ve enerjinizi geçmişe teslim etmiş durumdasınızdır. İşte bu ritüelle gücünüzü geri alıp tüm parçacıklarınızı geri toplamış olacaksınız.

Dolunay zamanı rahatsız edilmeyeceğiniz bir odaya geçip yere veya sandalyeye oturun. Çevrenize dört tane beyaz mum koyun ve yakın.

Burnunuzdan üç kere nefes alıp veriyorsunuz ve şu cümleleri tekrarlıyorsunuz: "Geçmişimde her nerede, hangi olayda kime kızgınlığım, öfkem, acım, kırgınlığım varsa aramızda oluşan tüm negatif enerji dolu eterik kordonlarımızı altın renkli büyük bir kılıçla kesiyorum, kesiyorum, kesiyorum (bu sırada eterik kordonları kılıçla kestiğinizi imgeleyin) ve yanan mumların alevlerinin içine atıp küle döndürüyorum."

Arkasından şu sözlerle devam edin: "Geçmişimde her nerede bir hatam olduysa, suçluluk ve pişmanlıkla dolup taştıysam bu kişilerle aramda oluşturduğum negatif enerji dolu eterik kordonlarımı altın renkli büyük bir kılıçla kesiyorum (bu sırada eterik kordonları kılıçla kestiğinizi imgeleyin), kesiyorum, kesiyorum ve yanan mumların alevlerinin içine atıp küle döndürüyorum. Hepimiz derslerimizi aldık ve yola devam etmeye hazırız. Teşekkür ederiz."

Şimdi yukardan beyaz ışıklar yağdığını imgeleyin ve bu sözleri tekrar edin: "Artık tam ve bütünüm. Geçmişimde bıraktığım tüm parçacıklarımı birleştirdim. Güçlüyüm ve her şeyin üstesinden gelebilirim."

Beş dakika gökyüzünden gelen beyaz ışıkların sizi yıkadığını ve birleştirdiğini düşünerek gözlerinizi kapatıp bekleyin. Arkasından mumları söndürün ve mumdan artakalanları ertesi gün size en yakın parka gömün. Şifa olsun...

Not: Eterik bağlar fotoğrafta görüleceği gibi çakralardan çakralara bağlantıdır. Bu bağlar kızgın ve kırgın olduğumuz o kişiyle aramızda sürekli olarak negatif enerji taşır. Bizim enerjimizi aşağıya çeker ve kişide bizden bir parça kalmasına sebep olur.

Dolunayda Atalardan Gelen Anlaşmaların İptali Ritüeli

Atalarımızdan gelen ve bizi bağlayan, işimize yaramayan anlaşmalar, sözleşmeler, antlar ve yeminlerin iptali için sizinle bir ritüel paylaşmak istiyorum.

Malzemeler

Bir bardak su

En sevdiğiniz yüzük

Beç adet tealight mum

Mumların altına koymak için altlık

Beyaz karton

Yapılışı

Bu ritüeli dolunay zamanı yapabilirsiniz. Gündüzden ritüel alanınızı hazırlayabilirsiniz. Beyaz bir kartonun ortasına bir bardak su koyun. Suyun içine en sevdiğiniz yüzüğü koyun. Suyun çevresine üstüne yazı yazdığınız beş tane mumu daire biçiminde yerleştirin. Beş adet tealight mumunun üzerine yazı yazmanız gerekiyor.

Birinci mumun üzerine "atalar", ikinci mumun üzerine "anlaşmalar", üçüncü mumun üzerine "sözleşmeler", dördüncü mumun üzerine "yeminler" ve beşinci mumun üzerine "kilitler" yazın. Mumların üzerine yazarken harfler tam çıkmayabilir, harf harf üstüne binebilir ama bu hiç önemli değil. Bu bir enerji çalışması, iptal etmek istediğimiz şeyin enerjisini mumum üzerine yüklüyoruz.

Gece dokuzdan sonra mumları yakın ve şu sözleri tekrarlayın: "Atalarımdan getirdiğim işime yaramayan tüm anlaşmaların, sözleşmelerin, yeminlerin, kilitlerin şifalanmasını diliyorum ve üstümdeki etkilerini de iptal ediyorum, iptal ediyorum ve iptal ediyorum. Bütün bu iptal edilen anlaşmaların, sözleşmelerin, kilitlerin ve yeminlerin yerine koşulsuz saf sevgi yüklüyorum, yüklüyorum, yüklüyorum. Şifa olsun. Teşekkür ederim."

Mumlar sönene kadar bekliyoruz ve ertesi gün istediğimiz bir saatte mumlardan artakalanları gömüyoruz, bardaktaki suyu da üstlerine döküyoruz.

Yüzüğü de bir hafta boyunca takıyoruz. Her yüzüğü gördüğümüzde "Koşulsuz saf sevgiyi yükledim, yükledim, yükledim" diyoruz.

Dolunayda Geçmiş Yaşamlardan Gelen Anlaşmaların İptali Ritüeli

Geçmiş yaşamlarımızdan gelen ve bizi bağlayan ancak işimize yaramayan anlaşmalar, sözleşmeler, antlar ve yeminlerin iptali için sizinle bir ritüel paylaşmak istiyorum.

Malzemeler

Bir bardak su

En sevdiğiniz yüzük

Beş adet tealight mum

Mumların altına koymak için altlık

Beyaz karton

Yapılışı

Bu ritüeli dolunay zamanı yapabilirsiniz. Gündüzden ritüel alanınızı hazırlayabilirsiniz. Beyaz bir kartonun ortasına bir bardak su koyun. Suyun içine en sevdiğiniz yüzüğü koyun. Suyun çevresine üstüne yazı yazdığınız beş tane mumu daire biçiminde yerleştirin. Beş adet tealight mumunun üzerine yazı yazmamız gerekiyor.

Birinci mumun üzerine "geçmiş yaşamlarım", ikinci mumun üzerine "anlaşmalar", üçüncü mumun üzerine "sözleşmeler", dördüncü mumun üzerine "yeminler" ve beşinci mumun üzerine "kilitler" yazın. Mumların üzerine yazarken harfler tam çıkmayabilir, harf harf üstüne binebilir ama bu hiç önemli değil. Bu bir enerji çalışması, iptal etmek istediğimiz şeyin enerjisini mumum üzerine yüklüyoruz.

Gece dokuzdan sonra mumları yakın ve şu sözleri tekrarlayın: "Geçmiş yaşamlarımdan getirdiğim işime yaramayan tüm anlaşmaların, sözleşmelerin, yeminlerin, kilitlerin şifalanmasını diliyorum ve üstümdeki etkilerini de iptal ediyorum, iptal ediyorum ve iptal ediyorum. Bütün bu iptal edilen anlaşmaların, sözleşmelerin, kilitlerin ve yeminlerin yerine koşulsuz saf sevgi yüklüyorum, yüklüyorum, yüklüyorum. Şifa olsun. Teşekkür ederim."

Mumlar sönene kadar bekliyoruz ve ertesi gün istediğimiz bir saatte mumlardan artakalanları gömüyoruz, bardaktaki suyu da üstlerine döküyoruz.

Yüzüğü de bir hafta boyunca takıyoruz. Her yüzüğü gördüğümüzde kendimize "Koşulsuz saf sevgiyi yükledim, yükledim, yükledim" diyoruz.

Dolunay Zamanı Evin Negatif Enerjisini Taşlarla Temizleme Ritüeli

Dolunay zamanı evde ağırlaşmış, birikmiş sözleri ve enerjileri temizlemek için taşlardan yararlanacağımız bir ritüeli sizlerle paylaşmak istiyorum.

Malzemeler

41 adet küçük taş (deniz kenarından, parklardan, bahçelerden toplayabilirsiniz)

Şeffaf ya da beyaz camdan bir kâse, kap ya da kavanoz

Yapılışı

Sessiz bir ortama geçin ve kavanoza su doldurun, içine de 41 adet taşı atın. Taşları koyarken "Bu evdeki tüm negatif enerjilerin, düşüncelerin, olumsuzlukların ve şanssızlıkların bu taşlarda toplanmasına niyet ediyorum" deyin.

Kâseyi evinizin en çok kullandığınız odasının penceresine yerleştirin ve bir gece dolunay ışığında bekletin.

Ertesi gün evinize en yakın toprağa kâsedeki taşları dökün, üstüne de suyu boşaltın ve şu sözleri söyleyin: "Evimdeki tüm negatif enerjiler toprağa aktı gitti bitti çok şükür."

Her dolunay bu işlemi tekrarlayın.

Dolunayda İleri Seviye Bağ Kesme Ritüeli

Şimdiye kadar birçok çalışma yaptınız ama istediğiniz sonucu alamadığınızı mı düşünüyorsunuz? Sakın böyle düşünmeyin. İnanın her çalışma içinizdeki kilitleri gıdım gıdım çözmeye yardım ediyordur.

Her çalışma, her eğitim konuyla ilgili içinizdeki dönüşümün taşlarıdır. İşte içinizde yaşadığınız derin pişmanlıklarla, acılarla, isyanlarla, özlemlerle dolu kalbinize bir damla iyi gelecek yeni bir çalışmayı aktarmak istiyorum.

Peki niye bunun adını "ileri seviye bağ kesme ritüeli" koydunuz o zaman diye sorduğunuzu duyar gibiyim. Biliyorsunuz enerjiler çok hızlı değişiyor ve dönüşüyor. Ben de klasik bağ kesme çalışmama bazı eklemeler yaptığımdan başka bir isim koymak istedim. Rüyamda da "Bunun adı ileri bağ kesme ritüeli olsun" dediler. Ben de "Hayhay" dedim.

Malzemeler

3 adet mavi mum

Sandal ağacı tütsüsü

Yapılışı

Çalışmayı yapmak için sessiz ve 20 dakika kadar rahatsız edilmeyeceğiniz bir ortama geçin. 3 adet mavi mum ve sandal ağacı tütsüsü yakın. Sevdiğiniz rahatlatıcı bir müzik koyun ve uzanın. Ellerinizi ve ayaklarınızı düz uzatın, çapraz yapmayın.

Beş dakika sadece uzanın. Hiçbir şey yapmayın. Sonra sizi uzun süredir sıkan konuya ve kişiye odaklanın. Yaşadığınız acıları, kalp kırıklıklarını, özlemleri, değersizlik hissini, hıncınızı, hırsınızı, pişmanlıklarınızı, söyleyemediklerinizi düşünün.

Ve şimdi o kişiye bakarak şu sözleri tekrarlayın: "Tüm zaman ve boyutlarda, sende bıraktığım tüm parçalarımı, tüm duygularımı geri alıyorum ve onları şifalayarak, arındırarak, dönüştürerek bedenime yerleştiriyorum. *Ve böylece tekrar tam ve bütün oluyorum.*"

"Tüm zaman ve boyutlarda, bende kalan tüm parçalarını, tüm duygularını sana iade ediyorum ve boşalan yerlere koşulsuz saf sevgiyi dolduruyorum. *Ve böylece tekrar tam ve bütün oluyorum.*"

"Tüm zaman ve boyutlarda aramızdaki tüm olumsuz duygu bağlarını *kesiyorum. Kesiyorum. Kesiyorum.* (Kişiyle aranızdaki olumsuz duygu bağlarını kırmızı ışın kılıcıyla kestiğinizi imgeleyin.) *Ve böylece tekrar tam ve bütün oluyorum.*"

Bunları söyledikten sonra kişinin uzaklaştığını hayal edin ve beş dakika kadar gökyüzünden inen mavi ışık huzmesiyle yıkandığınızı hayal edin. Ve şu sözleri tekrarlayın: "*Artık tam ve bütünüm. Kendimi sevgiye, huzura, bolluğa ve berekete, başarıya açmayı seçiyorum. Çok şükür.*"

Biraz daha uzanın ve hazır olduğunuzda gözlerinizi açıp derin nefesler alın. Bir bardak su için, mumlarınızı ve tütsünüzü söndürün. Bunu aynı kişi için arka arkaya yedi gün ya da yirmi bir gün tekrarlayın.

Özellikle dolunay zamanları bu çalışmayı yapmaya başlamak için harika zamanlardır.

Şifa olsun...

Her Zaman Yapabileceğiniz Meditasyonlar ve Ritüeller

Yeniay ve dolunay hakkında uzun uzun yazdık, meditasyon ve ritüelleri paylaştık. "Peki bu günlerin dışında ritüel yapamaz mıyız?" dediğinizi duyar gibiyim. Tabii ki yapabilirsiniz. İçinizden geldiğinde her türlü çalışmayı her zaman yapabilirsiniz.

Bu kısmı işte tam bunun için tasarladım. Hem içinizden geldiğinde yapabileceğiniz çalışmalar var, hem de duruma özel (yeni işe başlama, doğum günü, yeni eve taşınma gibi vb. gibi) çalışmalar hazırladım.

Şifa olsun dileklerimle...

Huzur Bulma Meditasyonu

Güne sevgi dolu, huzurlu başlamak için bu meditasyonu yapıyorum. Size de tavsiye ederim...

Oturarak veya yatarak yapabilirsiniz.

Mum, tütsü yakın, rahatlatıcı bir müzik koyun ve uzanın.

Burnunuzdan nefes alın, nefes verin. Nefes alın, nefes verin. Nefes alın, nefes verin.

Her nefes alışınızda içinize sevgiyi, neşeyi, sağlığı ve huzuru çektiğinizi düşünün. Ve her nefes verişinizde içinizdeki öfkeyi, kırgınlığı, üzüntüyü dışarı attığınızı düşünün.

Her nefes alışınızda bolluğu, bereketi, şifayı, kahkahayı çektiğinizi düşünün. Ve her nefes verişinizde içinizdeki acıyı, pişmanlıkları, kararsızlıkları, hataları dışarı attığınızı düşünün.

Ve her nefes alışınızda içinize aldığınız bu duyguları –sevgiyi, neşeyi, sağlığı ve huzuru, bolluğu, bereketi, kahkahayı– içinizde çoğaltın, tüm organlarınızda gezdirin ve dışarı verin.

Şimdi burnunuzdan nefes alırken aşkı, başarıyı, tüm dileklerin kabulünü, hayırlı tüm kapıların açılmasını, neşeyi, sağlığı ve huzuru içinize alın. Nefesinizi verirken bu duygularla çevrelendiğinizi ve sizin bu sevgi balonunda kaldığınızı hayal edin. Ve bunu üç kez daha tekrarlayın.

Çevrenizin olumlu duygularla, yüksek enerjiyle ve huzurla dolduğunu hayal edin ve birkaç dakika bu şekilde durun.

Burnunuzdan nefes alın, nefes verin... Nefes alın, nefes verin... Nefes alın ve nefes verin... Ve hazır olduğunuzda yavaş yavaş gözlerinizi açın...

Not: Meditasyonu gözünüz kapalı yapacağınız için daha öncesinde kendi sesinizle veya bir arkadaşınızın sesiyle kaydedip yapabilirsiniz.

İç Huzurumuza Kavuşma Ritüeli

Yaşadığımız her şey büyümemiz, gelişmemiz ve öğrenmemiz için hayatımıza girmiştir. Bu yüzden tüm olanları sevgiyle kabul edip, arındırıp dönüştürünce, iç huzurumuza tekrar kavuşabiliriz.

Bu ho'oponopono uygulamasına ait aşağıdaki sözleri bir büyük cam şişe suya yedi gün boyunca yedi kere okuyun, sekizinci gün hem suyu için hem de elinizi yüzünüzü yıkayın. Kendinizi tamamen değişmiş, dönüşmüş ve yenilenmiş hissedeceksiniz.

"Beni üzen, mutsuzluğuma, çaresizliğime sebep olan herkesi ve her şeyi özgür bırakıyor ve uğurluyorum. Kendimi seviyorum, teşekkür ediyorum, hatalarım için özür diliyorum ve bu hatalarımdan dolayı kendimi affediyorum."

Aşkı Bulma Ritüeli

Ah şu aşkla sınavımız...

Hem bizi bulutlara çıkarır hem de yerden yere savurur...

Ne onlu ne onsuz...

Doğru zamanda, en hayırlı kişiyle, korkusuzca, aşka yürüyebilmeyi dileyenler, kalbini aşka açmak isteyenler işte sizler için ritüelim burada... Önce Allah'ın izniyle bu ritüel vesile olsun ve kalbinizdeki aşk sizi bulsun inşallah...

Ritüeli Ne Zaman Yapabilirim

Bu ritüeli her istediğinizde yapabilirsiniz. Ama önemli olan ritüeli yapmadan önce evinizi temizlemeli, kişisel bakımınızı yapmalı ve elma sirkesiyle duş almış olmalısınız.

Ritüel Malzemeleri

Bir kâse içine temiz su koyuyorsunuz.

Tomurcuklu gül çayı

Pembe karton

Pembe mum (tealight gibi küçük bir mum alın) ve mum için altlık

Pembe kuvars kolye (ya da sevdiğiniz bir kolye)

Ritüelin Yapılışı

1. Gündüzden ritüel alanını fotoğraftaki gibi hazırlayıp temizliğinizi yapıyorsunuz. Akşam dokuzdan sonra ritüel alanına geliyorsunuz ve pembe kuvars kolyeyi iki elinizin arasına alıp kalp hizasına koyuyorsunuz ve hangi madde size uygunsa onu tekrarlıyorsunuz...

Eski sevgilisini geri isteyenler: Sevgili Allahım, aklımdaki kişiyi biliyorsun, bu kişiyle öğrenmem gereken dersleri öğrendim, hatalarımı anladım, ikinci bir şans istiyorum, bu kişi benim için şerse lütfen hayra döndürüp ver, hayırlıysa güzellikleri büyütmemiz için ver. Benim iradem değil, senin iraden olsun. Teşekkür ederim, teşekkür ederim, teşekkür ederim.

Beğendiği kişiyi isteyenler: Sevgili Allahım, aklımdaki kişiyi biliyorsun, bu kişi benim için şerse lütfen hayra döndürüp ver, hayırlıysa güzellikleri büyütmemiz için ver. Benim iradem değil, senin iraden olsun. Teşekkür ederim, teşekkür ederim, teşekkür ederim.

Kalbi boş olanlar: Sevgili Allahım, kalbimi, hayatımı güzellikler içinde dolduracak, birbirimizi mutlu edeceğimiz, gelişip büyüyebileceğimiz, hayırlı kişiyi karşıma çıkar ve hayatıma sok lütfen. Benim iradem değil, senin iraden olsun. Teşekkür ederim, teşekkür ederim, teşekkür ederim.

Mevcut sevgilisiyle evlenmek isteyenler: Sevgili Allahım, bu kişiyi çok seviyorum ve senin izninle evlenmek istiyorum. Bu kişi benim için şerse lütfen hayra döndürüp ver, hayırlıysa güzellikleri büyütmemiz için ver. Benim iradem değil, senin iraden olsun. Teşekkür ederim, teşekkür ederim, teşekkür ederim.

Sözleri tekrarladıktan sonra kalbinize üç kere vuruyorsunuz ve kolyeyi kâseye geri koyuyorsunuz.

2. Pembe mumu yakıyorsunuz ve sönene kadar bekliyorsunuz.

3. Ertesi gün size uyan bir zamanda sözleri tekrarlayarak kolyeyi boynunuza takıyorsunuz. 7 gün boyunca boynunuzda kalacak.

4. Kâsedeki suyla, kâsenin içindeki ve kartondaki gül tomurcuklarıyla gül çayı yapıyorsunuz ve 7 gün boyunca o çaydan içiyorsunuz.

5. 7 gün boyunca sadaka veriyorsunuz.

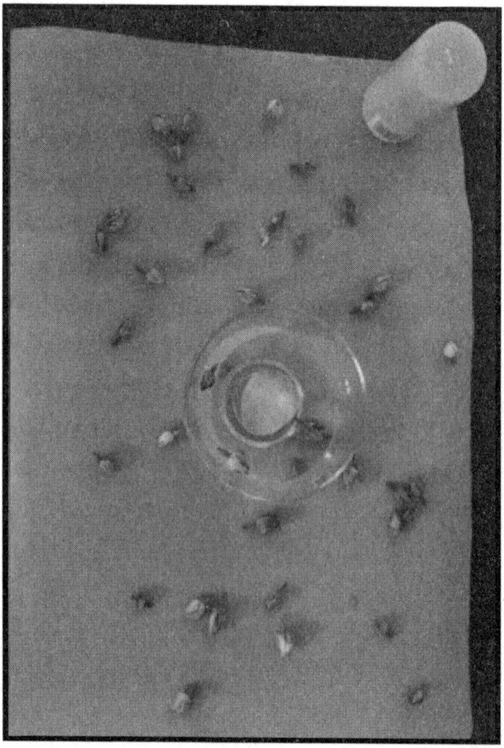

Not 1: Allah'ın iradesi, neyi, ne zaman, nasıl istiyorsa öyle verir. Bu ritüelden sonra bir değişiklik olmuyorsa bakış açınızı ve isteğinizi değiştirme zamanınız gelmiş olabileceğini hatırlayın.

Not 2: Pembe kartonu ve kuvars kolyeyi daha sonra tekrar kullanabilirsiniz. Ve evet karton pembe olacak.

Not 3: Evet mum pembe olacak ve evet sönene kadar bekleyeceksiniz. Mumdan artakalanı toprağa gömersiniz.

Not 4: En iyisi bu ritüeli değişik aralıklarla üç kere yapmaktır.

Parolamız 1: "Hiçbir şeye fazla tutunma."

Parolamız 2: "Neyi feda edersen o sana ihsan edilir. Neye kıyamazsan, onunla da sınanırsın. Bizi sevdiklerimizle sınama ya Rabbim."

Evet-Hayır Kesesi Ritüeli

Bazen hangi yöne gideceğimizi bilemeyiz. Bir ışık, bir ses, bir ipucu bekleriz. İşte "evet-hayır kesesi" size beklediğiniz ipucunu verebilir.

Kırmızı bir kese alın ve içine beyaz kâğıda kırmızı kalemle yazılmış "hayır" yazısını katlayıp koyun. Sonra beyaz kâğıda yeşil kalemle yazılmış "evet" yazısını katlayıp koyun.

Şimdi keseyi size uyumlamamız lazım. Keseyi avuçlarınızın arasına alın ve şu sözleri tekrarlayın: "Bazen kafam karışık oluyor, kararsız kalıyorum. Senden benim bütünün ve ilgili herkesin hayrına olacak şekilde sorduğum sorulara cevap vermeni istiyorum. Hizmetin için teşekkür ederim."

Bir gece kese yastığınızın altında kalsın ve bu şekilde uyuyun.

Soru soracağınız zaman sessiz bir odaya geçin, bir kırmızı ve bir yeşil mum yakın. Gözlerinizi kapayın ve "evet-hayır" cevabınızı alacağınız sorunuzu sorduktan sonra keseden katlanmış kâğıdı çekin. Ne çıktığını not edin ve kâğıdı katlayıp keseye geri bırakın. Bu işlemi üç kere tekrar edin. Üç kerede en fazla çıkan cevap sizin sorunuzun cevabı olacaktır.

Aynı soruyu tekrar sormayın.

Günde en fazla üç soru sorabilirsiniz.

Not: Eğer çıkan cevap sizi iyi hissettirmiyorsa yapmayın. Her zaman size ne iyi hissettiriyorsa onun peşinden gidin.

Erk (Güç) Hayvanını Bulma Meditasyonu

İçiniz sıkıldığı zaman bu meditasyonu yaparak erk hayvanınızdan güç alabilir ve sakinleşebilirsiniz. Peki "Benim erk hayvanım ne bilmiyorum" mu diyorsunuz? İşte aşağıdaki meditasyonu yaparken onu da bulacaksınız.

Evde rahat olduğunuz ve rahatsız edilmeyeceğiniz bir mekâna geçin. Mum ve tütsü yakabilir, hafif bir müzik koyabilirsiniz. Burnunuzdan nefes alıp vermeye başlıyorsunuz. Yedi kez nefes alıp verdikten sonra iyice gevşediğinizi hissediyorsunuz.

Arkasından kendinizi bir ormanda gezerken hayal edin. Yemyeşil bir ormandasınız. Bu sizin sihirli ormanınız. Yanınızdan bir dere akıyor. Çimenlere yatıyor ve sizi tatlı tatlı ısıtan güneşe kendinizi bırakıyorsunuz. Gökyüzünden bulutlar geçiyor. Bulutların geçişini seyrediyorsunuz. Hayalinizde yavaşça doğrulup ayağa kalkın ve sihirli ormanınızın içlerine doğru yürümeye başlayın. Yeşilin bin bir tonu sizi içine doğru çekiyor.

Yürüyüş sırasında size kuvvet vermek için, güç ve cesaret vermek için erk hayvanınız yanınıza geliyor. Yanınıza hangi hayvan geldiğine bakın. Ve işte sizin erk hayvanınız. Bir süre yan yana yola devam edin. Erk hayvanınıza şu sözleri söyleyin: "Bundan sonra her başım sıkıştığında bana yardım edeceğini, güç, cesaret, bilgelik ve akıl vereceğini biliyorum. Neye ihtiyacım varsa rehberlik edeceğini biliyorum. Sana çok teşekkür ediyorum." Sonra da erk hayvanınıza sarılın.

Bir süre erk hayvanınızın rehberliğinde sihirli ormanınızda yolunuza devam edin. Sonra dere kenarına tekrar gelin ve çimlere oturun. Burnunuzdan yedi kere nefes alıp verin ve hazır olduğunuzda gözlerinizi açın.

Not 1: Gelen erk hayvanının figürü evde her gün göreceğiniz bir köşeye koyun.

Not 2: Erk hayvanı zaman içinde değişiklik gösterebilir.

Not 3: Erk hayvanı birden fazla olabilir.

Not 4: Bu meditasyonu kendi sesinizle okuyun ve ihtiyaç duyduğunuzda sessiz bir odaya girip dinleyin.

Not 5: Her canınız sıkıldığında "erk hayvanınızla konuşma meditasyonunu" uygulayın.

Erk (Güç) Hayvanınızla Konuşma Meditasyonu

Bir önceki meditasyonda erk hayvanınızı buldunuz ve onunla bağlantı kurdunuz. Artık her canınız sıkıldığında sihirli ormanınıza gidip erk hayvanınızla konuştuğunuzu hayal edebilirsiniz.

Bunun için öncelikle sessiz bir odaya geçin ve daha önceden bulduğunuz erk hayvanınıza ait bir figürü yanınıza koyun. Erk hayvanınızla bağlantınızın artması için bir de yeşil renkli bir mum yakın.

Rahat bir pozisyonda oturun, burnunuzdan nefes alıp vermeye başlayın. Yedi kez nefes alıp verdikten sonra iyice gevşediğinizi hissedin. Arkasından kendinizi sihirli ormanınızda gezerken hayal edin. Yeşilin bin bir tonunun sizi içine doğru çektiği sihirli ormanınızdasınız. Ormanda kendinize ait rahat bir yere gittiğinizi hayal edin ve erk hayvanınızı yanınıza çağırın.

Erk hayvanınız geldiğinde ona sarılın ve şu sözleri söyleyin: "Geldiğin için teşekkür ederim. İçim çok sıkılıyor. Senin yardımına ihtiyacım var." Ve sıkıntınızı uzun uzun anlatın. Gerekirse yüksek sesle anlatın. Unutmayın siz sihirli ormanınızdasınız ve erk hayvanınızla berabersiniz. Güvendesiniz. Ta ki anlatacaklarınız bitene kadar anlatın. İhtiyaç duyuyorsanız ağlayın.

Şimdi erk hayvanınızdan yardım isteme zamanı. Ona şöyle deyin: "Beni sonuna kadar dinledin teşekkür ederim. Rahatladım. Huzura geri döndüm. Şimdi ne yapmam gerektiğiyle ilgili bana mesaj göndermene ihtiyacım var." Sessiz durun ve erk hayvanınızın ne söylediğini dinlemeye çalışın. Eğer bir şey duyamadıysanız mesaj rüyanızda gelecek demektir.

Erk hayvanınızla sihirli ormanınızda istediğiniz kadar vakit geçirin. Burası artık sizin güvenli alanınız. Her daim buraya dönebilir ve içinizi dökebilirsiniz.

Kendinizi hazır hissettiğinizde yedi kez burnunuzdan nefes alıp verin ve odanıza geri dönün. Mumu söndürün. Ilık bir duş alın.

Eğer meditasyon sırasında istediğiniz cevap geldiyse erk hayvanınızı yerine geri koyun. Eğer meditasyon sırasında istediğiniz cevap gelmediyse erk hayvanınızı yatağınızın yanına ve taze defne yapraklarını da yastığınızın altına koyun. Gece yatmadan önce "İhtiyacım olan cevapların bana gelmesine niyet ediyorum" diyerek yatın. Bunu üç gece tekrar edin. İhtiyacınız olan cevabın en kısa sürede geleceğini göreceksiniz.

Şifalı Su Hazırlama Ritüeli

Çok sıkıntılı, umutsuz, bezgin ve yorgun olduğumuz dönemler maalesef oluyor. Hayat yolunda düşe kalka ilerliyoruz. Düştüğümüz dönemlerde tekrar ayağa kalkabilmemiz için, moral bulup yaşam enerjimizi artırabilmeniz için sizlerle şifalı su hazırlama ritüelini paylaşmak istiyorum.

Malzemeler

Beyaz kuvars
Elma sirkesi
Bir bardak
İçme suyuyla dolu bir sürahi
Bir ayna
Yeşil kalem
İki adet sarı karton (biri sürahinin altına biri sürahinin üstüne)

Yapılışı

Öncelikle beyaz bir kuvars taşı almanız gerekiyor. Elinizde varsa tabii ki onu da kullanabilirsiniz. Bu kuvars taşını soğuk suda 3-4 dakika iyice yıkayın.

Bir bardak suyun içine yedi damla elma sirkesi koyun ve kuvars taşını bu suyun içinde bir gece bekletin. Kuvars taşı gece elma sirkeli suda beklerken siz de ritüel alanını hazırlayın.

Sarı bir kartonun ortasına bir ayna koyun ve aynanın üzerine yeşil kalemle "şifa ve yaşam enerjisi" yazın. Üzerine içme suyuyla doldurduğunuz sürahinizi (toz girmesin diye sarı kartonla sürahinin ağzını örtün) koyun. Gece ritüel alanınız da hazır olsun.

Sabah istediğiniz bir saatte kuvars taşını elma sirkeli sudan çıkarın, avuçlarınızın arasına alın ve kalp çakranız hizasında tutun. Yukardan aşağıya sarı ışığın indiğini, sizi, bedeninizi, ruhunuzu, zihninizi, kuvars taşınızı ve sürahinizin içindeki suyu şifalandırdığını ve yaşam enerjinizi artırdığını imgeleyin.

Kuvars taşını sürahinin içine koyun ve şu sözleri tekrarlayın: "Beni şifalandırdığın ve yaşam enerjimi artırdığın için teşekkür ederim. Kendimi neşeli, mutlu, huzurlu, canlı ve yaşam enerjisiyle dolmuş hissediyorum. Çok şükür."

Sürahinin ağzını sarı kartonla kapatın ve bir gün boyunca dokunmayın. Mümkünse pencere kenarında (evin içinde) sürahiniz dursun. Böylece güneş ışınları da içine girebilir.

Ertesi sabah sürahideki şifalı sudan içmeye başlayabilirsiniz. En az yedi gün boyunca bu sudan için ve içerken "Yaşam enerjim çok yüksek, sağlıklıyım, şifalandım. Çok şükür" deyin.

Not 1: Sürahideki su azalmaya başladığında içme suyu ekleyin.

Not 2: Kuvars taşı sürahinin içinde kalacak. Sonra toprakta bir gece bekletip başka bir ritüel için kullanabilirsiniz.

Not 3: Ayna ve kartonu da tekrar kullanabilirsiniz.

Not 4: Sürahinin ağzını kapattığınız sarı kartonun büyüklüğü önemli değil, yeter ki suyun içine toz girmesin.

Yeni Eve Taşınma Ritüeli

Yeni eve taşınmak çok önemlidir. Öncelikle bu evin enerjisini temizlemeli ve arındırmalısınız. Arkasından da pozitif enerji frekansını eve doldurmalısınız.

Malzemeler

Adaçayı
Adaçayını yakmak için bir tas
Kibrit
Elma sirkesi
Karanfil
Evi silmek için bez
Lavanta yağı
Çörekotu
Mavi bir kâse
Üç tane mavi mum

Yapılışı

Yeni eve girerken mutlaka sağ ayakla içeri girin ve "Bu evin bana mucize kapıları açmasını seçiyorum" deyin.

Bir tutam adaçayını tas içinde yakın ve dumanı çıktığında söndürün. Evin tüm odalarını tek tek temizlemeniz gerekiyor. Elinizde adaçayı kâsesiyle her odayı soldan sağa doğru dolaşın ve şu cümleyi söyleyin: "Bu evde yaşanmış tüm negatif olayların dönüşmesine, iyileşmesine ve şifalanmasına niyet ediyorum. Bu evin bana şans getirmesine ve hayırlı kapılarımı açmasına niyet ediyorum."

Evinizi elma sirkesiyle iyice silin (silme suyuna karanfil atarsanız daha iyi olur).

Her odanın kapı kolunu lavanta yağıyla silin.

Bir ay boyunca salonda mavi bir kâsede çörekotu bekletin.

Üç gece boyunca salonda bir adet mavi mum yakın ve şu sözleri tekrarlayın: "Evime huzur, neşe, mutluluk, bol muhabbet, sağlık, bolluk, bereket gelmesi için neler mümkün?"

Not: Her dolunayda aynı ritüeli tekrarlayabilir ve evin enerjisini değiştirebilirsiniz.

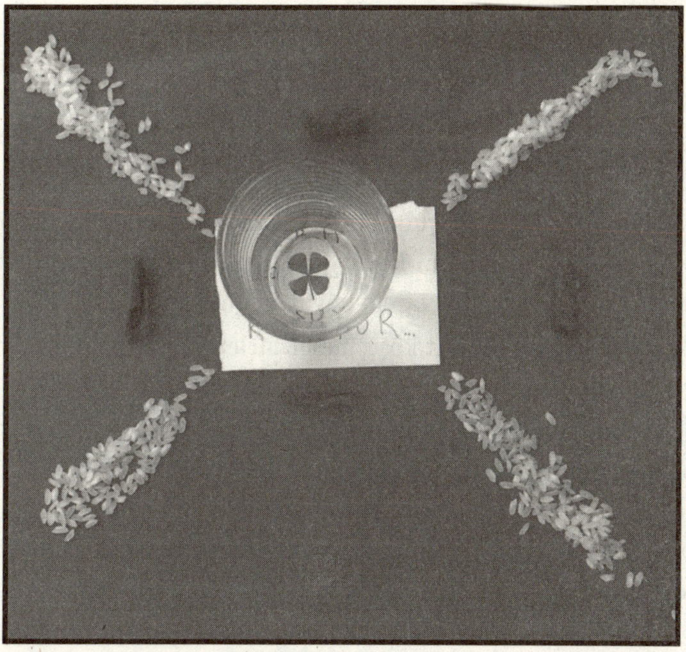

Alacaklarınızın Gelmesi İçin Yapabileceğiniz Ritüel

Eşe dosta borç vermişizdir geri dönüşü olmamıştır, mal satmışızdır parasını alamamışızdır. Tüm bu durumlar için yapabileceğiniz bir ritüeli sizlerle paylaşmak istiyorum.

Malzemeler

Kırmızı bir karton

Kırmızı bir kalem

Pirinç

4 adet çubuk tarçın

Beyaz bir kâğıt

Yapılışı

Bu ritüeli her çarşamba veya perşembe sabahtan öğlen on ikiye kadar yapabilirsiniz. Malzemeleri fotoğraftaki gibi yerleştiriyorsunuz. Kırmızı kartonun ortasına "PARA BANA KOŞUYOR" yazısını (yazı kırmızı kalemle yazılmalı) yerleştiriyorsunuz. Kâğıdın üstüne bir bardak su ve içine de herhangi bir buzdolabı magnetini koyuyorsunuz. Dilek kâğıdının dört yanına dört tane çubuk tarçın koyuyorsunuz.

Dilek kâğıdının dört köşesine pirinçleri koyuyorsunuz. Bir gün boyunca ritüel alanını bozmuyorsunuz.

Cuma günü istediğiniz bir saatte suyun içindeki magneti buzdolabının üstüne koyuyorsunuz ve koyarken şöyle diyorsunuz: "Bütün alacaklarım bana koşuyor, para bana koşuyor, para bana koşuyor." Ve magneti her gördüğünüzde bu cümleyi tekrarlıyorsunuz.

Dilek kâğıdını katlayıp cüzdanınıza koyuyorsunuz ve koyarken "Bütün alacaklarım bana koşuyor, para bana koşuyor, para bana koşuyor" diyorsunuz ve bu cümleyi cüzdanınızı her açtığınızda tekrar ediyorsunuz.

Suyu herhangi bir toprağa "Para bana koşuyor, çok şükür" diyerek döküyorsunuz. Pirinç ve tarçını "Para bana koşuyor, çok şükür" diyerek toprağa gömüyorsunuz. Kırmızı kartonu tekrar kullanabilirsiniz.

Not 1: Cüzdanınızın mor ya da kırmızı olmasını öneririm.

Not 2: Ritüel sonrası bir çocuk sevindirin.

Doğum Gününüzde Yapabileceğiniz Ritüel

Doğum günleri çok önemlidir. Bu hayata gelmeyi kutlamalıyız. Kendimizin ve hayatımızın ne kadar önemli olduğunu tekrar hatırlamalıyız. Kendimizin dostu olmaya başlamalıyız. Kendimizi sevmeye tekrar başlamalıyız. Ve tabii ki dilekler dilemeliyiz.

Malzemeler

Pembe bir karton

Bir ayna

Yeşil yazan bir kalem

Çörekotu

Pembe bir mum (tealight olabilir)

Mumun altına koymak için bir altlık

Çörekotu

Yapılışı

Pembe kartonun ortasına aynayı yerleştiriyorsunuz. Aynanın üzerine yeşil kalemle "Seni seviyorum" yazıyorsunuz. Üzerine de çok sevdiğiniz bir yüzüğü koyuyorsunuz. Çörekotlarını aynanın çevresine kalp şeklinde serpiyorsunuz. En üste de pembe mumu koyuyorsunuz.

Doğum günü saatinizi biliyorsanız o saatte, bilmiyorsanız içinize sinen bir saatte mumu yakıyorsunuz. Mumu yaktığınız zaman aynanın üstündeki yüzüğü iki elinizin arasına alıp kalp bölgesinin üzerine getiriyorsunuz ve şu sözleri söylüyorsunuz: "Kendimi seviyorum. Kendimi olduğum gibi seviyorum. Kendimi var olduğum için seviyorum. Kendimi çok seviyorum."

Şimdi doğum günü çocuğu olarak dileklerinizi söylemeye başlıyorsunuz: "Bu sene bana aşk, mutluluk, eş, mutlu bir evlilik, çocuk, kendi işimi getirdi" gibi olmuş şekilde dileklerinizi söylüyorsunuz. Sonra da "İyi ki varım, teşekkür ederim" diyerek cümlenizi bitiriyorsunuz. Yüzüğü aynanın üzerine geri koyuyorsunuz ve mumun yanması bitene kadar orada bırakıyorsunuz.

Mum söndükten sonra dilediğiniz bir zaman yüzüğü parmağınıza "Dileklerim çoktan oldu, dileklerim çoktan oldu, dileklerim çoktan oldu" diyerek takıyorsunuz. Ve yüzüğe her baktığınızda "Dileklerim çoktan oldu, çok şükür" diyorsunuz.

Yüzüğü bir hafta boyunca parmağınızdan çıkarmıyorsunuz. Çörekotunu ve mumdan kalanları toprağa gömüyorsunuz.

Not 1: Yüzüğü istediğiniz kadar takabilirsiniz.

Not 2: Kartonu tekrar kullanabilirsiniz.

Bolluk ve Bereket İçin Evde (Salonda, Oturma Odasında) Yapabileceğiniz Ritüeller

Evde salona veya oturma odasına koyacağınız bu bitki hayatınıza bolluk ve bereket getirmeye yardımcı olacaktır. Tabii ki işyerinize de koyabilirsiniz...

Bitkinin adı nedir diye sorduğunuzu duyar gibiyim.
Bitkinin Latince adı crassula, Türkçe adı mücevher bitkisidir.
Feng Shui'ye göre çok uğurlu olduğu kabul edilir.
Peki nereye koyayım derseniz:

Bitkiyi koyacağınız odadan içeri girin ve ardından sırtınızı kapıya dönün. Odanın sol tarafı bolluk bereket tarafıdır. Bu bitkiyi alıp odanın sol tarafına koyduğunuzda ve bitkinin toprağına uğur parası ektiğinizde bolluğu, şansı, başarıyı, neşeyi, aşkı, huzuru mıknatıs gibi hayatınıza çektiğinizi/ektiğinizi göreceksiniz.

Peki başka ne yapabilirim derseniz:

Yine odanın aynı tarafına bolluk ve bereketin rengi olan mor obje (mum vs.) koyarsanız veya çantanızda mor bir cüzdan taşırsanız bereketinizin arttığını göreceksiniz...

Peki ritüeli var mı derseniz:

Almayı seçtiğiniz bitkiyi (toprağına uğur paranızı ekin), obje ya da cüzdanı yerine koymadan önce kalp hizasında tutun, mor ışıkla yıkandığınızı hayal edin ve "Bu crassulaya/mumla/cüzdanla hayatıma bolluğu, bereketi, ışığı, şifayı, başarıyı, aşkı, neşeyi, huzuru mıknatıs gibi çekiyorum, çekiyorum, çekiyorum ve ekiyorum, ekiyorum, ekiyorum" deyin ve yerine yerleştirin...

İşte hepsi bu kadar.

Sağlıcakla...

Anette Inselberg

Not 1: Bu ritüeli her istediğiniz zaman yapabilir ve tekrarlayabilirsiniz.

Kalp her zaman en doğrusunu bilir.

Bolluk Bereket İçin
Evin Dış Kapısına Yapabileceğiniz Ritüeller

Hep evin içinde yapabileceklerimizden bahsettik. Halbuki evin içi kadar kapının önüne yaptıklarımız da çok önemlidir. Dış kapının önündeki mekânın temiz ve düzenli tutulması her kapı açıldığında evin içine girecek enerjinin düzeyini belirler. Dış kapı için yapabilecekleriniz:

Evin Dış Kapısı İçin Ritüel 1: Her pazartesi evin dışını (yer ve kapı) elma sirkesi, tarçın ve gülsuyu karışımıyla silebilirsiniz.

Evin Dış Kapısı İçin Ritüel 2: Evinizin ya da işinizin kapısının dışına canlı çiçek koyun ya da güzel bir tablo asın. Geleni ilk karşıladığınız yerin orası olduğunu hatırlayın.

Evin Dış Kapısı İçin Ritüel 3: Her sene evin dış kapısının olduğu mekânı boyayın ve paspasınızı yenileyin.

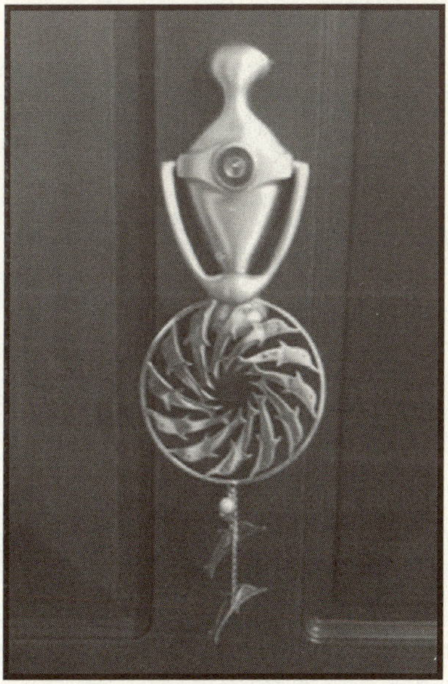

Evin Dış Kapısı İçin Ritüel 4:

Kapının üstüne yunus gibi size uğur getiren bir figürü asın ve kapıdan her içeri girdiğinizde şu sözleri tekrarlayın: "Evime benimle beraber sağlık, şans, uğur, aşk, muhabbet, bereket, hayırlı kapıların açılması, dileklerin kabulü de girdi, çok şükür." Arkasından banyoya gidip ellerinizi yıkayın ve "Evim, ruhum, bedenim tertemiz, çok şükür" deyin.

Yeni İşyerine Taşınma Ritüeli

Yeni bir işyerine taşındığınızda onun geçmişten gelen negatif enerjilerini temizlemeniz, arkasından da bereket enerjisini yüklemeniz gerekiyor.

Malzemeler

Adaçayı

Adaçayını yakmak için bir tas

Kibrit

Elma sirkesi

Lavanta

İşyerini silmek için bez

Papatya yağı

Çörekotu

Pirinç

Mor kâse

Üç tane mor mum

Defne yaprağı

Yapılışı

Yeni işe girerken mutlaka sağ ayakla içeri girin ve "Bu işin bana bolluk bereket kapıları açmasını seçiyorum" deyin.

Paspasın üzerine bir çay kaşığı şeker dökün ve üstüne basıp "İşimin bu şeker gibi tatlı olmasını, bana şans getirmesini seçiyorum" deyin.

Bir tutam adaçayını tas içinde yakın ve dumanı çıktığında söndürün. İşyerinin tüm odalarını tek tek temizlemeniz gerekiyor (sadece kendi bulunduğunuz ortama da yapabilirsiniz). Elinizde adaçayı kâsesiyle her odayı soldan sağa doğru dolaşın ve şu cümleyi söyleyin: "Bu işyerinde yaşanmış tüm negatif olayların ve tartışmaların dönüşmesine ve iyileşmesine niyet ediyorum. Bu işin bana bolluk bereket getirmesine ve hayırlı kazanç kapıları açmasına niyet ediyorum."

İşyerinizi elma sirkesiyle iyice silin (silme suyuna lavanta atarsanız daha iyi olur).

Her odanın kapı kolunu papatya yağıyla silin.

Bir ay boyunca çalıştığınız masada mor bir kâsede çörekotu ve pirinç bekletin.

Üç gün boyunca çalıştığınız masada mor mum yakın ve şu sözleri tekrarlayın: "İşime artan şekilde para girişi olması için, müşterilerin memnun kalması için, işi muhabbetle yapmam için, bereketin daim olması için neler mümkün?"

İşyerinin kasasına ve cüzdanınıza defne yaprakları koyun.

İş Başvurularının Olumlu Geçmesi İçin Ritüel

İş başvurularının olumlu geçmesi için defne yaprağı ve defne yaprağı yağıyla yapacağınız bir ritüeli sizinle paylaşmak istiyorum.

Bütün hayırlı kapılar önünüzde açılsın inşallah. Unutmayın her şey Allah'tandır, bunlar sadece vesiledir.

İş Başvurularının Olumlu Geçmesi Ritüeli 1: Öncelikle defne tohumu yağı alın. İş başvurunuza gitmeden önceki üç gün ve gittikten sonraki üç gün duş almanız gerekiyor. Bu duşun gündüz saatlerinde olması ve bir kapak defne tohumu yağını kafanızdan aşağıya tüm vücudunuza gelecek şekilde dökmeniz gerekiyor.

Duş esnasında su yukardan aşağıya üstünüzden akarken "İşe giremem, yine mi olmayacak, ben hiçbir şeyi hak etmiyorum, korkularımı serbest bırakıyorum, serbest bırakıyorum, serbest bırakıyorum ve bu işe girmeyi hak ediyorum, hak ediyorum, hak ediyorum, işe girdim bile yaşasın, işe girdim bile yaşasın, işe girdim bile yaşasın" deyin.

İş Başvurularının Olumlu Geçmesi Ritüeli 2: İş başvurusuna gitmeden önce metal bir kapta iki üç defne yaprağını yakın ve yaprakların dumanı çıkarken sağ elinizle başınızın üzerinden saat yönünde (sağdan sola) üç defa çevirin ve şu sözleri tekrarlayın: "Bu işe girmeye niyet ettim, bu işe girmeye niyet ettim, bu işe girmeye niyet ettim ve işe girmeyi başardım, aferin bana, aferin bana, aferin bana.

Sonra üç adet taze defne yaprağını cüzdanınıza koyun. Ve her cüzdanınızı açtığınızda "Aferin bana işe girdim" deyin. Tütsülenmiş defne yaprağının küllerini denize serpin ya da toprağa gömün.

İş Başvurularının Olumlu Geçmesi Ritüeli 3: İş başvurusuna gideceğiniz gün kapının önüne şeker ve defne yaprağı serpin ve evden çıkarken bunların üstüne iyice basın ve şu sözleri tekrarlayın: "Şans benim yanımda ve bu işe girdim çok şükür, çok şükür, çok şükür."

Not: Kapının önündeki şeker ve defne yaprakları üç gün boyunca kalsın ve onları her gördüğünüzde "Ben şanslıyım, ben şanslıyım, ben şanslıyım" deyin ve arkasından toprağa gömün.

Tüm hayırlı kapılarınızın önünüzde açılmasına niyet ediyorum.

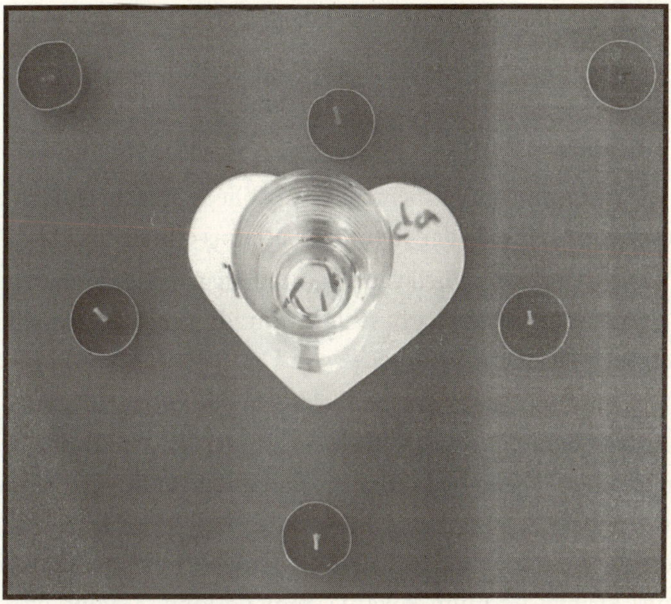

İşe ya da Eve Bolluk Bereket Çağırma Ritüelleri

İşe ve eve bolluk bereket getirmek için hazırladığım bu ritüeli sizlerle paylaşmak istiyorum.

İşe ya da Eve Bolluk Bereket Çağırma Ritüeli 1:

Malzemeler

Kırmızı bir karton

3 adet kırmızı mum (tealight olabilir)

3 adet mor mum (tealight olabilir)

6 adet altlık

Bir ayna

Kırmızı ruj

Ayna

Bir bardak su

Gülsuyu

Yapılışı

Her çarşamba ya da perşembe yapabileceğiniz bu ritüelin en geç sabah on bire kadar yapımına başlamış olmalısınız.

İşte ya da evde ritüeli yapacağınız alan genelde kapıdan girdikten sonra sol tarafta olmalıdır. Burada yer yoksa en yakın yeri seçmeniz gerekmektedir.

Kırmızı kartonun ortasına şekildeki gibi bir ayna koyuyorsunuz ve aynanın ortasına da kırmızı rujla "İşler tıkırında" yazıyorsunuz. Aynanın üzerine yarım bardak su koyuyorsunuz. Suyun içine de yedi damla gülsuyu damlatıyorsunuz. Aynanın çevresine altı adet mumu (mumların altına mutlaka altlık koyun) kırmızı üç mum yukarda, mor üç mum aşağıda olacak şekilde kalp şeklinde diziyorsunuz.

İş İçin Yapıyorsanız: Mumları yakıyorsunuz ve yakarken iş için şu sözleri söylüyorsunuz: "Bütün işlerim tıkırında çok şükür. Müşterilerim artarak devam ediyor, alacaklarım tıkır tıkır geliyor, satışlarım tıkır tıkır devam ediyor, her gün işlerim tıkır tıkır büyüyor. İşim huzurlu ve neşeli. Yaşasın, yaşasın, yaşasın."

Ev İçin Yapıyorsanız: Mumları yakıyorsunuz ve yakarken ev için şu sözleri söylüyorsunuz: "Evime tıkır tıkır para geliyor çok şükür, evime tıkır tıkır bolluk ve bereket geliyor, evime tıkır tıkır sevgi ve huzur geliyor. Evimde mutlu, huzurlu ve sağlıklıyım. Çok şükür."

Mumlar söndükten sonra bardağın içindeki sudan yedi yudum içiyorsunuz. İçerken "Her işim tıkır tıkır yolunda, çok şükür" diyorsunuz. Ve bardakta geri kalan suyu işin ya da evin her yerine serpiyorsunuz. Kapının önü dahil. Mumlardan artakalanları toprağa gömüyorsunuz. Geri kalan tüm malzemeleri tekrar kullanabilirsiniz.

İşe ya da Eve Bolluk Bereket Çağırma Ritüeli 2: Her pazartesi sabahı kapının dışına şeker ve defne yaprağı serpin. Bir gün boyunca dışarda kalacak olan bu malzemelerin üstünden her geçişinizde "Hayatıma, işime, evime bolluk, bereket, sağlık, huzur tıkır tıkır geliyor. Çok şükür" deyin. Ertesi gün defne yaprakları ve şekeri toprağa gömün.

İşe ya da Eve Bolluk Bereket Çağırma Ritüeli 3: Cüzdanınıza, işyerinde kasaya, evde salona defne yaprakları serpin. Ve onları her gördüğünüzde "Bütün hayatım tıkır tıkır yolunda çok şükür" deyin. Her yeniayda defne yapraklarını tazeleyin.

İşe ya da Eve Bolluk Bereket Çağırma Ritüeli 4: Evinize ya da işinize crassula (para ağacı çiçeği) alabilirsiniz. Bu çiçeği istediğiniz odaya koyabilirsiniz. Fakat dikkat etmeniz gereken şey odada kapıdan girdikten sonra sol tarafa konması gerekiyor. O bölgede duvar varsa ya da müsait değilse o bölgeye en yakın yere koyun. Çiçeğin toprağına beş altı tane bozuk para atın ve bu paraları atarken "İşime, evime, hayatıma bolluk ve bereket gelmesini seçiyorum, seçiyorum, seçiyorum" deyin.

"01.01-05.05-09.09" Kapısı Ritüeli

"01.01-05.05-09.09" kapılarının enerjisi çok yüksek olup dilek dilemek için çok uygundur. Tabii ki bir ritüelle bizler de bunu değerlendireceğiz.

Malzemeler

Mavi bir karton

Parktan ya da saksıdan alınmış bir avuç toprak

Bir bardak su

Sevdiğiniz bir yüzük

Yapılışı

Bu ritüeli akşam dokuzla sabaha karşı üç arası yapıyorsunuz.

Mavi bir kartonun üzerine parktan aldığınız bir avuç toprağı daire şeklinde yerleştiriyorsunuz.

Sevdiğiniz yüzüğü sol elinizde tutun ve dileklerinizi söylemeye başlayın. Dileklerinizi olmuş gibi ve hissederek söylüyorsunuz (bol param ve harika bir işim var, mükemmel bir sevgilim var, kendi evimde oturmaktan mutluyum gibi).

Dairenin ortasına bir bardak su ve içine dileklerinizi söylediğiniz yüzüğü koyuyorsunuz.

Yüzüğü suyun içine koyarken "Allah'ın izniyle gökyüzündeki bu enerjilerin dileklerimi hızlıca, neşeyle, sağlıkla, kolaylıkla, mutlulukla yerini getirmesini seçiyorum, seçiyorum, seçiyorum" diyorsunuz.

Bu ritüel alanına ertesi sabah dokuza kadar hiç dokunmayın. Ertesi gün istediğiniz zaman yüzüğü sol elinizin herhangi bir parmağına takın ve "Dileklerim hayatıma hızlıca girdi, hızlıca girdi ve hızlıca girdi. Çok şükür" deyin. Yüzüğü üç gün boyunca parmağınızdan çıkarmayın. Karton ve toprağı parka gömün. Üstüne de bardaktaki suyu dökün.

Not 1: Toprağı bahçenizden ya da evinizdeki saksıdan da alabilirsiniz.

Not 2: İşe gidenler yüzüğü akşam eve geldiklerinde takabilirler.

Not 3: Kartonu parçalayıp gömebilirsiniz.

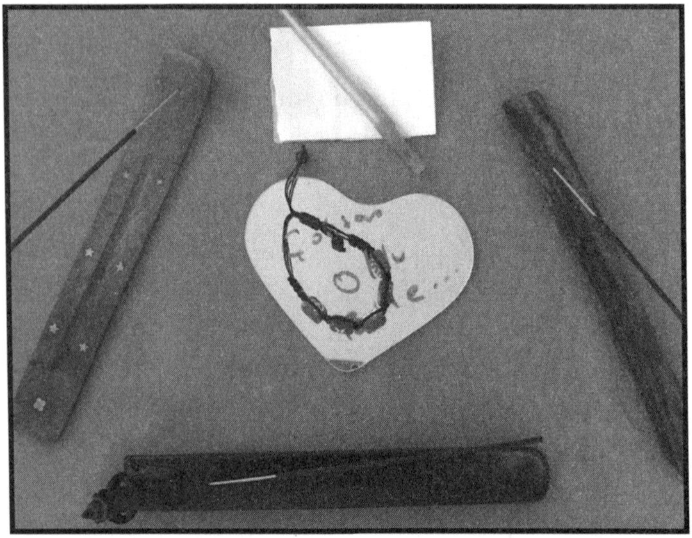

"02.02-06.06-10.10" Kapısı Ritüeli

"02.02-06.06-10.10" kapılarının enerjisi çok yüksek olup dilek dilemek için çok uygundur. Tabii ki bir ritüelle bizler de bunu değerlendireceğiz.

Malzemeler

Yeşil bir karton

Bir ayna

Kırmızı bir ruj

Bir bileklik

3 adet sandal ağacı tütsüsü

3 adet tütsü altlığı

Mavi tükenmezkalem

Dilekleri yazmak için küçük bir kâğıt

Yapılışı

Yeşil kartonun üzerine şekildeki gibi tütsüleri altlıklarıyla beraber üçgen şeklinde yerleştiriyorsunuz. Ortaya aynayı koyuyorsunuz. Aynanın üzerine kırmızı rujla "Çoktan oldu bile" yazıyorsunuz ve bilekliği üzerine koyuyorsunuz.

Akşam dokuzdan sonra istediğiniz bir zaman diliminde kâğıdın üzerine dileklerinizi (olmuş gibi) yazmaya başlıyorsunuz ve her cümlenin sonunu "çoktan oldu bile" ile bitiriyorsunuz.

Dilek yazma örnekleri:

"Yeni işim çoktan oldu bile."

"Hayatıma bolluk bereket çoktan girdi bile."

"Eşimle ve çocuklarımızla mutlu, sağlıklı bereketli bir hayatım var. Çoktan oldu bile."

Dileklerinizi yazmanız bitince kâğıdı bilekliğin üstüne koyuyorsunuz ve tütsüleri yakıyorsunuz. Tütsüleri yakarken "Çoktan oldu bile" diyorsunuz.

Ve ritüel alanınıza bir gün boyunca dokunmuyorsunuz. Ertesi akşam dokuzdan sonra bilekliği sol kolunuza takarken "Çoktan oldu bile" diyorsunuz ve yedi gün bileğinizde kalıyor. Bilekliği her gördüğünüzde "Çoktan oldu bile" diyorsunuz.

Tütsüden kalan külleri ve kartonu toprağa gömüyorsunuz.

Aynayı ve tütsülükleri tekrar kullanabilirsiniz.

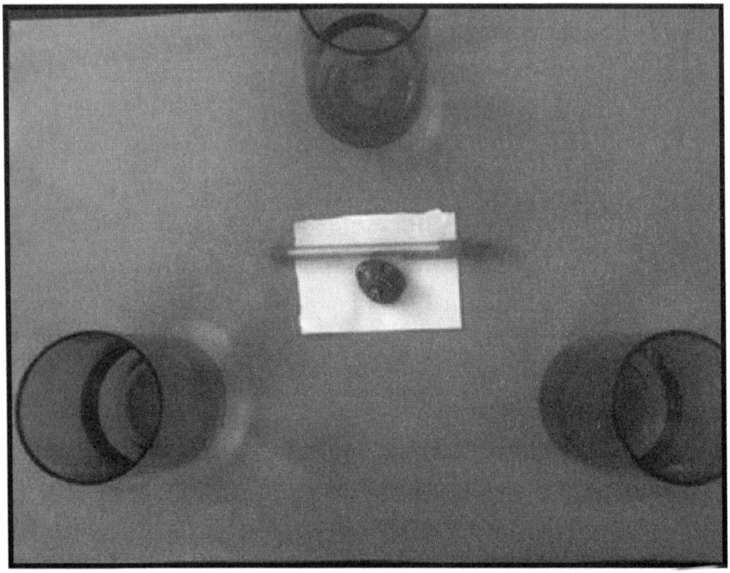

"03.03-07.07-11.11" Kapısı Ritüeli

Yukardaki tarihler enerjilerin kuvvetli olduğu, kapıların açıldığı ve dilekleri dilemek için gökyüzünün uygun olduğu tarihlerdir.

Malzemeler

Turuncu karton

Üç bardak su

Herhangi bir magnet ya da mıknatıs

Beyaz bir kâğıt

Mavi bir kalem

Yapılışı

Gece dokuzdan sabaha karşı üçe kadar yapabileceğiniz bu ritüel için malzemeleri resimdeki gibi yerleştiriyorsunuz. Turuncu kartonun üstüne üçgen şeklinde su dolu bardakları koyuyorsunuz, ortaya magneti ve dileklerinizi yazacağınız kâğıdı ve kalemi koyuyorsunuz.

Gece dokuzdan sonra dileklerinizi yazmaya başlıyorsunuz. Bu sefer dileklerinizi yazdıktan sonra cümlenin sonunu "çektim" kelimesiyle bitiriyorsunuz. "Sağlığı, bolluk ve bereketi kendime çektim. Aşkı, yeni işi, evliliği hayatıma çektim. Tatili, yeni evi kendime çektim" gibi.

Ve ritüel alanınıza bir gün boyunca dokunmuyorsunuz. Ertesi akşam dokuzdan sonra magneti buzdolabının üzerine koyuyorsunuz ve onu her gördüğünüzde "Tüm dileklerimi kendime çektim. Çok şükür" diyorsunuz.

Suları da evdeki saksıya veya dışardaki toprağa dökerken "Tüm dileklerimi kendime çektim. Çok şükür" diyorsunuz ve mahallenizde ihtiyacı olan birine yemek, kıyafet ya da para yardımında bulunuyorsunuz.

"04.04-08.08-12.12" Kapısı Ritüeli

"04.04-08.08-12.12" tarihlerinde uygulayabileceğiniz bir ritüeli sizlerle paylaşmak istedim. Aşağıdaki maddeleri sırasıyla takip edin. Ve her zaman hatırlayın dilekleriniz çoktan oldu bile...

Malzemeler

3 adet kırmızı mum

1 bardak su

3 mum altlığı

Beyaz kâğıt

Kırmızı kalem

Yapılışı

Mumlarımızı ve su dolu bardağı resimdeki gibi yerleştiriyoruz. Dileklerinizi beyaz bir kâğıda kırmızı kalemle yazıyorsunuz. Dilekleriniz olumlu ve şimdiki zaman olmalı. "Yeni işime başladım, yeni evim harika, annemle aram çok iyi, bugün çok güzel vakit geçirdik" gibi...

Akşam dokuzdan sonra mumları yakıyor ve dileklerinizi yazdığınız kâğıdı suyun içine koyuyorsunuz. Dileklerinizi suya koyarken "Tüm dileklerimin benim ve bütünün ve ilgili herkesin en yüksek hayrına en hızlı şekilde olmasını seçiyorum, seçiyorum, seçiyorum" diyorsunuz.

Yüksek enerjili dilek alanınıza akşam hiç dokunmuyorsunuz. Sabahleyin mumdan kalanları, kâğıdı ve suyu evinizin yakınındaki bir bahçeye ekerken "Tüm dileklerim çoktan oldu, çoktan oldu, çoktan oldu" diyorsunuz.

21 Mart İlkbahar Ekinoksu ve
23 Eylül Sonbahar Ekinoksunda Yapılacak Ritüel

Ekinokslar çok önemli enerji değişikliği olan günler olduğundan ritüelle bu enerjilerden faydalanmak iyidir. Ekinoksların özelliği hem eskide kalmış kalıpları, inançları, öfkeleri, kırgınlıkları bırakmamıza hem de yeni dileklerimizi ortaya koymamıza yardımcı olan enerjiler barındırmalarıdır.

Malzemeler

Bir adet beyaz karton

4 adet kuş tüyü ya da kuş tüyü fotoğrafı

Bir bardak su

Kâğıt yakmak için küçük bir kap

Yok olmasını istediğimiz şeyleri yazacak bir kâğıt

Siyah tükenmezkalem

Sevdiğimiz herhangi bir kolye (ben bu ritüelle de beyaz kuvars kolyemi kullanıyorum)

Yapılışı

Öncelikle kuş tüylerini beyaz kartonun üzerine fotoğraftaki gibi yerleştiriyorsunuz. Üçgenin üst bölümüne bir bardak su koyuyorsunuz. Kolyeyi de bardağın yanına koyuyorsunuz. Üçgenin alt bölümüne kâğıt yakmak için küçük kabı yerleştiriyorsunuz. Böylelikle ritüel alanını hazırlamış oluyoruz.

Akşam dokuzdan sonra bizden gitmesini istediğimiz tüm kızgınlık, kırgınlık ve kalıpları yazmaya başlıyoruz. Ve bu yazdığımız kâğıdı ritüel alanındaki kabın içinde "Oh be benden gittiler, yandılar bittiler kül oldular" diyerek yakıyoruz.

Yakma işlemi bittikten sonra sevdiğimiz kolyemizi iki elimizin içine alıyoruz, "Bu yeni dönemde hayatıma iyi haberler, teklifler, şans, bolluk, bereket, aşk, sağlık, güzellik girdi yaşasın, yaşasın, yaşasın" diyoruz ve kolyeyi suya bırakıyoruz.

Ertesi gün sabah dokuzdan sonra gün içinde istediğimiz bir zaman tüyleri ve kaptaki külleri toprağa gömüyoruz. Kolyeyi de en az yedi gün takıyoruz. Yedi gün boyunca kolyeyi üstümüzde her gördüğümüzde (taktığımızı her hatırladığımızda) "Hayat çok güzel yaşasın" diyoruz.

Herkese şifa olsun...

Not: Mart ekinoksunda kullanacağınız kartonun rengi sarı, eylül ekinoksunda kullanacağınız kartonun ise beyaz olmalıdır.

Sadece Bugün Bir Mucizedir Ritüeli

Sadece bugün değil her an, nefes aldığımız her an bir mucizedir. Ne yazık ki insanoğlu olarak bunu unutuyoruz. Dertler, sıkıntılar, beklentiler ruhumuzu yorarken mucize olduğumuzu ve yaşadığımız bugünün de bir mucize olduğunu unutuyoruz.

Şimdi size vereceğim bu ritüelle günümüzü tekrar mucizelere açacağız ve ruhumuzu onurlandıracağız.

Malzemeler

Bir bardak

Uğurböceği ve gülen yüz etiketi

Bal

Yapılışı

Öncelikle bardağın istediğiniz yerlerine uğurböceği ve gülen yüz etiketlerini yapıştırın.

Kahvaltıdan önce bardağa su koyun ve şu sözleri tekrarlayın: "Bugünün mucizelerle dolu bir gün olmasını seçiyorum. Bugünün hayatıma şans, mutluluk, bolluk bereket getirmesini seçiyorum. Bugünün hayatıma sağlık, huzur ve aşk getirmesini seçiyorum ve öyle de oldu çok şükür. Bugün her türlü işimin rast gitmesini ve işlerimin kolaylıkla yoluna girmesini seçiyorum ve öyle de oldu çok şükür."

Suya yarım kaşık bal ekleyin ve için.

Akşam yemeğinden sonra uğurböceği ve gülen yüz etiketleriyle süslediğiniz bardağınıza su doldurun ve yanınıza alın. Bardaktaki suya şu sözleri fısıldayın: "Yarının mucizelerle dolu bir gün olmasını seçiyorum. Yarının hayatıma şans, mutluluk, bolluk bereket getirmesini seçiyorum. Yarının hayatıma sağlık, huzur ve aşk getirmesini seçiyorum. Yarının hayatıma kolaylıklar getirmesini seçiyorum ve öyle de oldu çok şükür."

Yatmadan önce dilediğiniz bir zaman suyu için.

Hıdırellez'de Yapılacak Ritüeller

Her sene özene bezene hazırlandığım, dileklerimi dilediğim bu güzel günde neler yaptığımı sizlerle de paylaşmak istiyorum.

Hıdırellez bildiğiniz üzere 5 Mayıs akşamüstü başlar ve 6 Mayıs günü biter. Tabii ki Hıdırellez hazırlıklarına birkaç gün önceden başlarım.

3-4 Mayıs Hıdırellez Hazırlıklarım

1) Evi, işyerini temizlerim.

2) Kişisel temizlik ve bakım yaparım.

3) Evde kullanılmayan eşyaları (kıyafet, kitap, ayakkabı) gözden geçirir ve hayır kurumuna vermek üzere kenara ayırırım.

4) Enerjiyi yükseltmek için kırmızı renkli şeyler giymeye ya da takmaya başlarım.

5 Mayıs Hıdırellez Ritüelleri

1) Bol bol sadaka dağıtırım.

2) Evde yaptığım tel şehriyeli bademli pilavı konuya komşuya dağıtırım.

3) Kırmızı renkli bir şey giyer ya da takarım.

4) Bir kenara hazırladığım kullanılmayan eşyaları dağıtırım.

5) İnsanlara gülümser ve sarılırım.

6) Çocukları sevindiririm.

7) Başkası adına dua ederim.

8) Yastığımın altına defne yaprağı koyup, mesajcı rüyaların gelmesini dilerim.

9) Tüm baklagillerin ve şekerin kapaklarını açık bırakırım (böylece bütün sene evde bolluk bereket olur).

10) Evde, ofiste cüzdanımı, çantamı açık bırakırım (böylece bütün sene cüzdanımda bolluk bereket olur).

11) Reiki, yoga, meditasyon gibi rahatlama çalışmalarından sonra dileklerimi yazarım. Dilekleri yazarken olmuş gibi düşünüp, o mutluluk duygusunun içine girerim ve arkasından üç kez "Çoktan oldu bile" derim. Dileklerimi gökyüzünden akan kırmızı enerjiyle yıkadığımı imgelerim.

12) Akşam ezanı zamanı parka giderim ve gül ağacına kırmızı keseyi asarım. Kesenin içine sitrin taşı, çörekotu, lavanta ve para koyarım. Asarken içimden şu duayı okurum (siz tabii ki kalbinizden geçen duayı okuyun): "Bin bir adım bir adım. Allah bir adım adım. Kerim kerem Allah. Başımda bir duman var yardım eyle ya Allah. La ilahe illallah, Muhammeden Resulullah. Yetiş imdadıma Hızır ile Allah, birsin sen kulla mişersin, biz gibi kulların yardımcısı sensin Hızır, deryada erdim murada âmin."

13) Akşam ezanı zamanı parkta gül ağacının altına gündüzden yazdığım dilekleri ekerim ve dilekleri ekerken "Bin bir adım bir adım. Allah bir adım adım. Kerim kerem Allah. Başımda bir duman var yardım eyle ya Allah. La ilahe illallah, Muhammeden Resulullah. Yetiş imdadıma Hızır ile Allah, birsin sen kulla mişersin, biz gibi kulların yardımcısı sensin Hızır, deryada erdim murada âmin" derim (siz tabii ki kalbinizden geçen duayı okuyun).

14) Ateşin üstünden atlarım. Böylece tüm hastalıkları, negatif düşünceleri, üzücü anıları ateşe bırakırım.

15) Açık havada ateşten atlama imkânı yoksa evde üç tane kırmızı mum yakıp üstünden üç kere atlarım ve atlarken şu sözleri tekrarlarım: "Üzerimdeki tüm negatif etkileri, acıları, anıları, hastalıkları bu ateşte yakıyorum, yakıyorum, yakıyorum."

6 Mayıs Sabahı Yaptıklarım

1) Erkenden parka gidip gül ağacının altına ektiğim dilekleri alır ve denize atarım. Ne kadar çabuk erirlerse bilirim ki dileklerim de o hızda olacaktır. Çok şükür...

2) Parkta gül ağacına astığım keseyi alır ve cüzdanımda saklarım. Böylece yıl boyu cüzdanımdan bolluk bereket taşar durur.

3) Sabah ezanında evin kapısını açar ve içeriye mutluluk, huzur, bereket, aşk ve sağlık davet ederim.

Ben her sene bu ritüelleri yaparım ve çok şükür çok faydasını gördüm. Sizlerin de kalbinize sıcak gelenleri yapmanızı tavsiye ederim...

17-19 Mayıs Arası Yılın En Şanslı Günleri (Ay-Venüs-Betelgeuse Kavuşumu)

Ay-Venüs-Betelgeuse kavuşumu olan bu iki gün gökyüzündeki enerji çok yüksek, aynı zamanda şans ve fırsatlar yağmakta...

Bu yağan şanstan yararlanmak için yapabileceğimiz bazı ritüeller var. Yapması bizden takdir Allah'tan...

Gökyüzünden Şans Yağan Bu İki Günde Neler Yapmalıyız?

Yardıma muhtaç öksüzlere, boşanmış kadınlara, evsizlere yardım etmek

Yemek dağıtmak

Borçlarınıza bir miktar ödeme yapmak (kolaylıkla bitmesine yardımcı olur)

Ağzınızdan çıkan sözlere dikkat etmek (enerji çok yüksek olduğundan anında gerçekleşir)

Dileklerinizi bir ağaç kabuğuna yazıp toprağa gömmek

Çiçek ekmek, ağaç ekmek ama özellikle buğday (evdeki saksıya da olur) ekmek

Kuşları buğdayla beslemek

Sizden başka en az üç kişi için dua etmek

Hazreti Fatma Ana'nın elini üstünüzde taşımak ve hediye etmek

Başlatmak istediğiniz proje, aşk, iş, seminer, yolculuk varsa harekete geçmek

İyiliklerin yağdığı bu güzel günde hepimizin dualarının kabul olmasını dilerim...

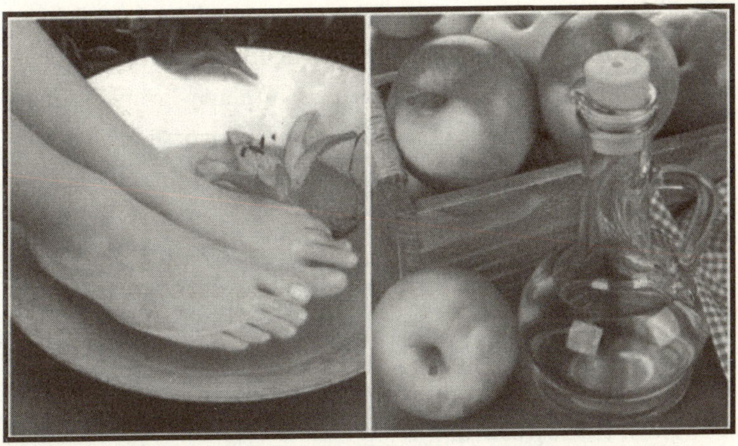

Elma Sirkeli Suda Ayaklarınızı Bekleterek Negatif Enerjilerden Arınabilirsiniz

Gün içerisinde birçok olumsuzluklar oluyor, canınız sıkılıyor. Eve geldiğinizde bunları üzerinizden atmak aslında çok kolay. Nasıl mı?

On beş dakika yalnız kalacağınız bir odaya çekilip hafif bir müzik koyuyor, dilerseniz mum ve tütsü yakıyorsunuz. Bu odaya "arınma odası" da diyebilirsiniz.

Bu odaya götürmek üzere su ısıtıp bir leğene dolduruyorsunuz ve içine üç çorba kaşığı elma sirkesi (dilerseniz bir çorba kaşığı deniz tuzu da ekleyebilirsiniz) ilave ediyorsunuz.

Arınma odasında rahatça bir koltuğa oturup ayaklarınızı leğene sokuyorsunuz. Üç kez burnunuzdan nefes alıp ağzınızdan nefes veriyorsunuz.

Ardından ayaklarınız leğendeyken şu sözleri üç kere tekrarlıyorsunuz: "Bugün canımı sıkan, beni üzen tüm olay ve kişilerle olan enerjimi, bağımı kesiyorum, kesiyorum, kesiyorum. Almamız gereken dersleri aldık, artık ben de özgürüm onlar da özgür. Yoluma kolaylıkla devam ediyorum. Ve öyle de oldu."

Biraz gözlerinizi kapatıp sessizce bu kendinize ayırdığınız vaktin tadını çıkarıyorsunuz. On beş dakika sonra ya da kendinizi hazır hissettiğinizde, ayaklarınızı kurulayıp lavanta yağıyla güzelce masaj yapıp "arınma odasından" çıkıyorsunuz.

İçinizin ferahladığını ve enerjiyle dolduğunuzu fark edeceksiniz.

Şifa olsun...

Evrene Gönderdiğimiz Negatif Mesajları Nasıl Dönüştürürüz?

Her şey enerjidir, ağzımızdan çıkan kelimelere çok dikkat etmeliyiz. Kelimelerin yaratım gücü vardır. Fakat bunu bilmemize rağmen olumsuz cümleleri kurmadan duramayız.

Kendimizi gün içinde "Ben beceriksizim, yeterli değilim, aptalım!" gibi sözler söylerken bulabiliriz. Aynı zamanda "Bu işe giremem, bu işi bitiremem, ben sevilmeye değmem!" gibi cümleler sarf ederken de bulabiliriz.

İşte böyle durumlarda aşağıdaki yöntemi uygularsanız yarattığınız olumsuz etkiyi olumluya dönüştürebilirsiniz.

Yöntem gayet basit.

Olumsuz cümleyi söylediğinizi fark ettiğiniz an "Bu cümleyi tüm zaman, mekân ve boyutlarda siliyorum, siliyorum, siliyorum ve yerine koşulsuz saf sevgiyi, neşeyi, bolluğu, bereketi, huzuru, kendime güveni yüklüyorum, yüklüyorum, yüklüyorum" diyorsunuz ve kalbinizin üzerine sağ elinizle üç kere tıklıyorsunuz.

Şifa olsun...

22 Aralık Güneş Bayramı

22 Aralık günü, gündüz uzamaya başlıyor, gece kısalıyor. Bugün bizim de karanlığımızın azaldığı artık ışığımızın artmaya başladığı bir gün. Umutlarımızın, dileklerimizin yeşerdiği ve olmaya başladığı gün...

22 Aralık Günü Yapılacaklar

- Nar yerseniz, yıl boyu sağlıklı olursunuz.
- Nar kırarsanız (kapınızın önünde poşete sarıp kırın) yıl boyunca nar gibi bereketiniz olur.
- Nar evinize girerse, yıl boyunca tam da bugünkü gibi, eve aydınlık girmeye başlar, aydınlık büyür büyür ve tüm hayatınız ışıldamaya başlar.
- Yemek sofranızdaki bir tabağa iki üç adet nar koyarsanız sofranızın bereketi bütün sene artarak devam eder.
- Nar ayıklayıp dağıtırsanız ömrünüz uzun ve sağlıklı olur.

Bugün, size nar alan, ayıklayan, bu bilgiyi paylaşan kişi var olsun. Ömrü sağlıkla uzasın. Siz de onun varlığına şükredin ve kendi varlığınıza da şükredin...

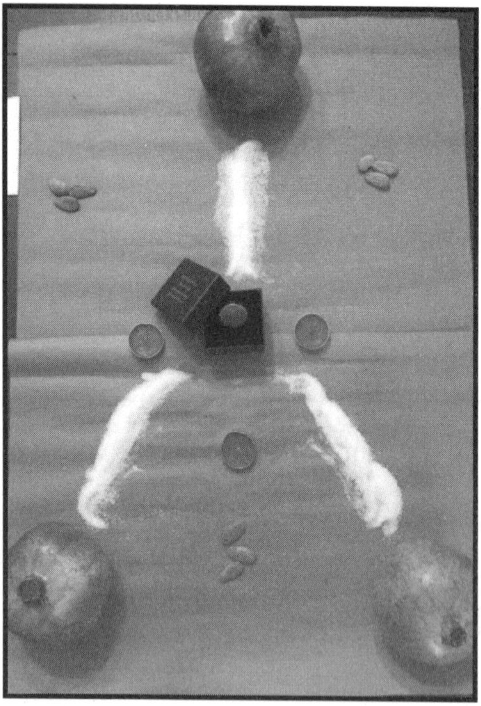

22 Aralık Güneş Bayramı (Bugünden İtibaren Hayatınıza Tüm İsteklerinizin Girmesi) Ritüeli

22 Aralık günü günler uzamaya geceler ise kısalmaya başlıyor. Bugün bizim de karanlığımızın azaldığı ışığımızın arttığı bir gün. Umutlarımızın, dileklerimizin yeşerdiği ve olmaya başladığı gün. O zaman bu güzel enerjiyi bir ritüelle taçlandırmanın zamanı gelmiş demektir.

Malzemeler

Kırmızı karton

3 adet nar

3 adet kırmızı mum ve altlığı

Şeker

9 adet badem

Küçük bir hediye kutusu

Sevdiğiniz bir takı

Beyaz bir kâğıt

Kırmızı kalem

Selobant

İki adet poşet

Yapılışı

22 Aralık günü istediğiniz bir vakitte ritüel alanını fotoğraftaki gibi hazırlıyorsunuz. Saat tam 22.22'de mumları yakıyorsunuz ve kutunun içindeki yüzüğü sol avucunuza alıyorsunuz. Yüzüğü kalp hizasında tutuyorsunuz ve şu sözleri söylüyorsunuz: "Bugünden itibaren hayatıma aydınlık girdi, başarı, bolluk, aşk, evlilik, dileklerimin kabulü girdi. Bugünden itibaren tüm hayatıma ışık girdi ve tüm kapılarımın açılması girdi. Bugünden itibaren hayatıma şans girdi." Sonra yüzüğü kutunun içine geri bırakıyorsunuz.

Arkasından kâğıdı kalemi elinize alıp "Bugünden itibaren hayatıma ... girdi" kalıbıyla dilediğiniz kadar çok dilek yazıp, kâğıdı katlayıp kutunun içine koyuyor ve kutunun kapağını kapatıyorsunuz.

Ritüel alanına üç gün dokunmuyorsunuz.

Dördüncü gün ise şunları yapıyorsunuz:

Kutunun içindeki takıyı "Bugünden itibaren hayatıma aydınlık girdi" diyerek 1 Ocak'a kadar takıyorsunuz. Dileklerinizin olduğu kâğıdı katlayıp sol pazınıza yapıştırıyorsunuz ve 1 Ocak'a kadar üstünüzde taşıyorsunuz. Yıkanırken çıkarıp tekrar takıyorsunuz. 1 Ocak'ta toprağa gömüyorsunuz.

Şekeri kullanarak tatlı yapıyor ve sevdiklerinize dağıtıyorsunuz. Bademleri ev halkı yiyor.

Narlardan birini iki poşetle sarıyorsunuz ve kapınızın önüne çıkıyorsunuz. Sonra "Hayatıma bugünden itibaren şans, bolluk, neşe ve istediğim her şey girdi" diyerek patlatıyorsunuz ve narı yiyorsunuz.

Narlardan ikincisini soyup konu komşu, eş dosta dağıtıyorsunuz. Narlardan üçüncüsünü ise eve bolluk bereket getirmesi için yemek masasında bir tabağa koyup 31 Aralık'a kadar bekletiyorsunuz ve sonra tüm ev halkı yiyorsunuz.

Şifa olsun...

Not 1: Evet karton, mumlar ve kalem kırmızı olacak. Kartonu daha sonraki ritüeller için saklayabilirsiniz. Mumdan artakalanları toprağa gömebilirsiniz.

Not 2: Evet kutu istediğiniz renk ve büyüklükte olabilir.

Not 3: İsteyen evinin isteyen işyerinin önünde narı kırabilir.

Not 4: Evet badem olacak.

Not 5: 25 Aralık'a kadar yapılabilir.

Not 6: Üstünüze yapıştırdığınız kâğıt gece uyurken de üstünüzde kalmalı, eğer çıkarsa sabah tekrar yapıştırın.

Not 7: Evet takıyı daha sonra kullanabilirsiniz.

Yılın Son Günü Yapılması Gerekenler

Evet bir koca senenin daha sonuna geldik. Acısıyla tatlısıyla bitti işte. Seneyi bitirirken aşağıdaki maddelerden birkaçını yapmanın size iyi geleceğini düşünüyorum.

Yılın Son Günü Arınmak İçin:

✓ Evinizde adaçayı yakın.
✓ Evi ve ev kapısının önünü elma sirkesiyle silin.
✓ Elma sirkesiyle yıkanın.

Yılın Son Günü Alınması Gerekenler

✓ Giyilecek kırmızı bir şey alın.
✓ Eve kırmızı bir şey alın.
✓ Kırmızı ya da mor cüzdan alın.
✓ Eve pirinç alın.

Yılın Son Günü Yapılması Gerekenler

✓ Hazırladığım ve "Zamazingo" (www.anetteinselberg.com) isimli blogumda bulabileceğiniz "yılbaşı ritüelini" yapın.
✓ Üç kişiye sadaka verin.
✓ Üç kişi için dua edin.

Allah hepimizin işini rast getirsin, tüm dileklerimiz kabul olsun, tüm hayırlı kapılarımız açılsın...

Hep hatırlayın... Bizler her şeyin en iyisini hak ediyoruz...

Parolamız: *"Bu yıl bizim yılımız olsun..."*

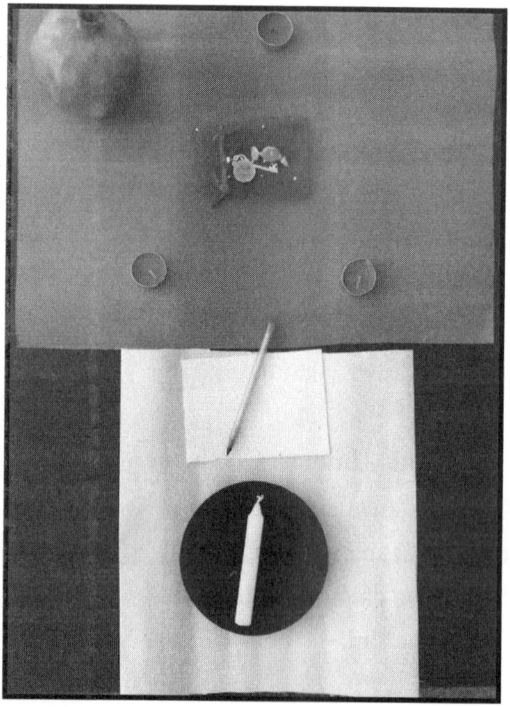

Yılbaşı Ritüeli

Aslında yılbaşı ritüeli hazırlamayacaktım ama eğitimlerimde bu konuda çok yoğun talep geldiğinden kendimi akışa bıraktım ve hazırladım cancanlar. Hepimizin ve bütünün hayrına olsun inşallah.☺

Gördüğünüz gibi iki kartonumuz var. Açık mavi olan içinde bulunduğumuz yılda yaşadığımız tüm acı, pişmanlık, hırs, hastalık, üzüntü ve kederleri yakmak için var.

Yeşil olan ise gelecek yeni yılı bolluk, bereket, karşılıklı aşk, başarı, neşe ve sağlıkla karşılamak için var.

Malzemeler

Mavi karton

Yeşil karton

Beyaz kâğıt

Mavi kalem

Beyaz mum ve mum altlığı

3 adet kırmızı mum

Kırmızı kese

Anahtar

İki adet kalp etiketi

Şeker

Metal para

Nar

İki adet naylon poşet

Yapılışı

Ritüel alanını fotoğraftaki gibi hazırlıyorsunuz. 31 Aralık günü istediğiniz bir saatte mumun üzerine ve kâğıda temizlemek ve dönüştürmek istediğiniz acılarınızı yazıyorsunuz.

Örnek olarak "Hastalığım, kötü giden ilişkim, parasızlığım, işsizliğim, hayal kırıklıklarım, öfkem, kıskançlığım, pişmanlıklarım, acılarım, hatalarım, söyleyemediklerim yandı bitti kül oldu..." şeklinde.

Not: Mumun üzerine yazabildiğiniz kadar yazın, esas kâğıda yazmak önemli.

31 Aralık akşamı saat dokuzdan sonra mavi kartondaki mumu yakıyorsunuz ve mumun alevinde kâğıdınızı yakıp külleri tuvalete dökerek sifonu çekiyorsunuz. Kâğıdı yakarken "Hepsi geçti bitti kül oldu" diyorsunuz.

Arkasından narı çift naylon poşete sarıp evin iç tarafında kapının önünde yere atıp patlatıyor ve yiyorsunuz. Narı patlatırken ve yerken "Şansım, kısmetim, bereketim, başarım, sağlığım evden başlayarak tüm evrene yayıldı, yayıldı, yayıldı" diyorsunuz.

Kırmızı mumları yakıyorsunuz. Şekerin üzerine iki adet kalp etiketini yapıştırıyorsunuz. Kırmızı kesenin içine metal parayı, şekeri (üzerinde iki kırmızı kalp etiketiyle beraber), anahtarı yerleştirip sol elinizde tutuyor ve şu sözleri söylüyorsunuz: "Bugünden itibaren tüm zaman, mekân ve boyutlarda hayatımdaki tüm kilitleri açarak başarıyı, karşılıklı aşkı, bolluğu, bereketi, sağlığı ve neşeyi hayatıma aldım, hayatıma aldım ve hayatıma aldım. Ben her şeyin en iyisine, en güzeline layığım ve bunu hak ediyorum."

Mumları istediğiniz bir zaman söndürüp toprağa gömüyorsunuz ve yolda karşınıza çıkan üç kişiyi sevindiriyorsunuz.

Not: Yılbaşında evde değilseniz döndüğünüzde yapabilirsiniz...

Yavaş Yavaş Ölürler

Yavaş yavaş ölürler seyahat etmeyenler

Yavaş yavaş ölürler okumayanlar, müzik dinlemeyenler, vicdanlarında hoş görmeyi barındırmayanlar

Yavaş yavaş ölürler, izzetinefislerini yıkanlar, hiçbir zaman yardım istemeyenler

Yavaş yavaş ölürler alışkanlıklara esir olanlar, her gün aynı yolları yürüyenler, ufuklarını genişletmeyen ve değiştirmeyenler, elbiselerinin rengini değiştirme riskine bile girmeyen veya bir yabancı ile konuşmayanlar

Yavaş yavaş ölürler ihtiraslardan ve verdikleri heyecanlardan kaçınanlar, tamir edilen kırık kalplerin gözlerindeki pırıltıyı görmek istemekten kaçınanlar

Yavaş yavaş ölürler aşkta veya işte bedbaht olup istikamet değiştirmeyenler, rüyalarını gerçekleştirmek için risk almayanlar, hayatlarında bir kez dahi mantıklı tavsiyelerin dışına çıkmamış olanlar

Yavaş yavaş ölürler...

Pablo Neruda

SON SÖZ

Bu hayat size verilmiş bir armağandır. Lütfen tadını çıkarın, kıymetini bilin. Yere düşseniz de ayağa kalkın. Korksanız da devam edin. Üzülseniz de geçeceğini bilin. Yola devam edin...

Parolamız: *"Her şey değişir..."*

KİTAPTAN NOTLAR

KİTAPTAN NOTLAR